**Éditions du Pavillon de l'Arsenal**
Ann-José Arlot, Directeur de la publication

**Picard Éditeur**
Chantal Pasini, Président Directeur Général

Exposition créée par le Pavillon de l'Arsenal
Du 6 février à fin avril 1998

**Commissariat général : Pavillon de l'Arsenal**
Ann-José Arlot, Directeur Général
Coordination de l'ouvrage : Marianne Carrega, Gaëlle Seltzer
Coordination de l'exposition : Sandra Planchez, Carolina Pagliuca
Documentation : Antonella Casellato
Secrétariat de rédaction : Gladys Tapissier

**Conception scientifique de l'ouvrage et de l'exposition**
Pierre Gangnet, architecte

**Ouvrage**
Conception graphique et mise en page : François Caracache

**Exposition**
Scénographie : Frédéric Borel, architecte, assisté de Marc Younan
Conception graphique : Les Associés, Renaud Aumaitre, Bertrand Jacquelinet
Reportages photographiques : Nicolas Borel et Jean-Marie Monthiers
Reproduction de documents : Heidi Meister, photographe, Direction de l'Aménagement Urbain et de la Construction : Jean-Marc Bylinski, Claude Graebling, Jacques Leroy, Guy Picard

**Réalisation et montage**
Direction du Patrimoine et de l'Architecture de la Ville de Paris, Service Technique du Génie Civil et des Aménagements Intérieurs ; Direction de l'Aménagement Urbain et de la Construction, Mission Communication

**Remerciements**
Le Pavillon de l'Arsenal et les concepteurs invités remercient les directions et services de la Ville de Paris, ainsi que les sociétés et organismes ayant contribué à la réalisation de l'exposition et du catalogue :
la Direction de l'Aménagement Urbain et de la Construction, Mission Communication ; la Direction du Patrimoine et de l'Architecture, Service Technique du Génie Civil et des Aménagements Intérieurs

l'OPAC, la RIVP ; la SAGI, la SEMAEST, la SEMAPA, la SEMAVIP, la SGIM ;
l'OCIL, Toit et Joie

l'agence Archipress ; les Archives historiques du Crédit Lyonnais ; les Archives nationales / CARAN ; la Bibliothèque nationale de France ; l'agence Bulloz ; la Commission du Vieux Paris ; la Fondation Le Corbusier ; l'agence Giraudon ; le Grand Hôtel Inter-Continental ; la Photothèque de La Documentation Française ; la Photothèque des musées de la Ville de Paris ; la Réunion des musées nationaux ; l'agence Roger-Viollet ; le Service photographique de l'École nationale supérieure des beaux-arts ; le Service photographique de la Bibliothèque Forney ; le Service photographique de la CNMHS

pour leur active participation :
Joëlle Allemand, Violette Andres, Pascal Boissel, Nicole Bordenave, Alain Braun, Henri Bresler, Jean-Pierre Buffi, Monique Comminges, Maurice Culot, Jacqueline Dassin, Élisabeth Duflot, Michel Fleury, Bruno Fortier, Yves Galazzani, Anne Herme, Caroline Hoang, Jacqueline Hulin-Querelle, Nathalie Lamielle, Béatrice Letellier, Alban Massin, Isabelle Le Mée, Pierre Micheloni, Bruno Monti, Françoise Morin, Michèle Murgier, Roger Nougaret, Sophie Perrot, Martine Pitallier, Sylvie Pitoiset, Bruno Pochain, Françoise Portelance, Jean-Christophe Quinton, Isabelle Reverseau, Denyse Rodriguez Tomé, Philippe Le Royet, Jean-Pierre Samoyault, Serge Santelli, Jean-Paul Thiévenaz, Évelyne Trehin, Gérard Violette, Anne Zourabichvili

et plus particulièrement :
Claude Babinet, Thérèse Cornil, Jean-Claude Jolain, Yves Laffoucrière, Michel Lombardini, Jean-Pierre Lourdin, Jacques Marvillet, Nathan Starkman Robert de Manget

Le Pavillon de l'Arsenal et les concepteurs invités remercient tout particulièrement les architectes et les maîtres d'ouvrage, de nombreuses fois sollicités, pour leur active participation et leur patience.

Éditions du Pavillon de l'Arsenal
21, boulevard Morland, 75004 Paris
ISBN : 2-907513-50-8

Picard Éditeur
82, rue Bonaparte, 75006 Paris
ISBN : 2-7084-0537-3

sous la direction de
**Pierre Gangnet**

Cet ouvrage a été réalisé
à l'occasion de l'exposition
**Paris, côté cours**
**La ville derrière la ville**
février - avril 1998

Éditions du Pavillon de l'Arsenal
Picard Éditeur

# Avant-propos

**Jean Tiberi** *Maire de Paris*

Tour à tour ouverte, fermée, couverte, anglaise, d'honneur ou de service, la cour va et revient au gré des transformations de la ville. Triomphante à l'âge classique, mise à l'épreuve sous Haussmann, vivante dans les faubourgs, on la retrouve aujourd'hui dans de nouveaux quartiers parisiens où elle joue un rôle fédérateur, à Bercy, à Tolbiac, à Masséna bientôt avec l'îlot ouvert de Portzamparc.

Les cours font partie du patrimoine et de la mémoire urbaine parisienne au même titre que les bâtiments, les rues, les jardins. C'est pourquoi, j'ai souhaité qu'elles fassent l'objet d'une attention toute particulière comme c'est le cas dans le faubourg Saint-Antoine.

Le plan de protection de ce quartier et la modification du plan d'occupation des sols mis en œuvre par les services de la Ville de Paris, en étroite relation avec les élus, les associations et les habitants, font une grande place à la mise en valeur des cours. Celles-ci constituent un second espace d'organisation dans la vie du quartier, véritables lieux d'échanges et de rencontres, elles sont les garantes du maintien d'un tissu social. Traversantes, les cours jouent un rôle urbain spécifique de passage, important pour la vie locale.

Une sélection des cours les plus remarquables a été effectuée selon de multiples critères : l'intérêt et la monumentalité de leur espace, leur fonction d'origine (cour artisanale, industrielle, villageoise), les relations entre elles et avec les autres espaces publics.

J'ai souhaité que le nouveau règlement incite à une organisation des constructions autour des cours. Elles deviennent alors des éléments urbains fédérateurs, les constructions nouvelles s'implantant prioritairement par adossement sur les bâtiments existants.

Cette exposition raconte l'histoire de la « ville derrière la ville », dresse l'inventaire typologique de ces espaces, donne à voir leurs singularités et leurs constantes, présente des études urbaines et des réalisations architecturales exemplaires.

« Paris, côté cours », c'est le mouvement des idées qui ont, ou vont, par des projets remarquables, jalonner et parfois transformer les espaces intérieurs de la ville.

# Préface

**Yves Galland**

*Adjoint au Maire de Paris chargé de l'Architecture. Président du Pavillon de l'Arsenal.*

Qui n'a jamais essayé de pousser une porte pour découvrir une cour, un passage, avec cette sensation frustrante de ne pouvoir accéder à ce qui est derrière. C'est à un voyage vers ce Paris secret, et pourtant si proche, que nous invitent cette exposition et le livre qui l'accompagne.

Pénétrer dans « Paris, côté cours », ce n'est pas seulement scruter la face cachée de la ville, ce Paris à l'écart des rues, avec le plaisir que procure la découverte de l'inconnu, du mystère. C'est aussi montrer l'importance de la cour dans l'évolution des constructions parisiennes, à tous les moments de notre histoire.

De la cour de la maison médiévale, basée sur un modèle rural, à la cour des hôtels particuliers des XVII$^e$ et XVIII$^e$ siècles, marquant fortement les différences sociales, et jusqu'aux cours de services résiduelles des immeubles haussmanniens, cet « espace » connaît au fil du temps des mutations indissociables de celles de la ville, tant au niveau de sa forme que de ses fonctions.

La recherche de la lumière, la lutte contre l'insalubrité, issues de réflexions menées par des architectes du mouvement moderne, vont, durant l'entre-deux-guerres, menacer l'existence de la cour et tendre à la faire disparaître. Des années trente à la reconstruction, jusqu'aux barres et tours des années soixante-dix, la cour n'est plus d'actualité. À force de vouloir faire respirer la ville, on a failli l'étouffer.

Depuis près de deux décennies, la cour redevient un enjeu urbain d'importance. Les réflexions d'ordre social et sur la forme de la ville, menées par les architectes et les maîtres d'ouvrage ne sont pas étrangères à cette mutation, tout comme les nouveaux règlements mis en place par la Ville de Paris.

Alors même que le terme de cour est de moins en moins employé, un nouveau vocabulaire urbain apparaît, on parle désormais de cœur d'îlot, de passage, de faille. Dans de nombreuses réalisations récentes, la cour fédère la composition architecturale ; le traitement soigné des façades qui l'entourent en témoigne. Dans d'autres projets, la cour s'apparente à une place intérieure et la création, dans ces espaces, de loggias, de passerelles, de coursives, l'anime.

Quelle que soit sa taille, ouverte sur la rue, structurée autour d'un jardin, cœur d'un ensemble d'habitation, la cour de cette fin de siècle reste un élément nécessaire à la fabrication de la ville et à son équilibre.

# Paris, côté cours

## Les noms de la chose

**Pierre Gangnet**

Paris, côté cours, c'est tout une histoire. Mais qu'y a-t-il de si présent ou de si pressant, allez savoir, dans cette part d'ombre de la ville, pour convoquer ici, comme ça, les cours et leur culture ? Et bien d'abord parce que ça fait culture, les cours. C'est notre fonds commun, notre bien indivis, cette science des intérieurs, cet art de l'agencement capable d'inventer sur lui-même les contours de ses évidements et de leur donner des noms, tant qu'à faire. Car les cours ont tout osé, tout essayé et pris mille formes pour décliner, au passage, tous les noms de la chose : cette chose vue par fractions qu'est la ville hors les rues, comprimée ou dilatée qui serait, sans cela, autrement indicible. Variations infinies d'un discours qualitatif s'échinant à faire coïncider la carte et le territoire, la ville rêvée et la ville réelle. Être quelque part qui porte un nom, vous savez bien : « le Palais-Royal est un beau quartier, toutes les jeunes filles y sont à marier ».

Tenez ! La cour des Trois-Frères et le passage des Deux-Sœurs. Se sont-ils seulement rencontrés ces gens comme nous-mêmes ? Probablement pas, puisque si loin les uns des autres dans ce Paris des épaisseurs bâties, ce Paris à distance des rues. Si éloignés et pourtant si semblables dans la tranquille assurance que procurent ces formes familières, la cour, le passage mais aussi la cité, la villa, la sente, le chemin, le hameau, l'allée. Des formes et des formulations qui font repère, quand ce n'est pas repaire, dans le labyrinthe car pour les Trois-Frères et les Deux-Sœurs et pour chacun d'entre nous c'est d'abord ça, la cour : un lieu-dit, du connu dans l'inconnu.

L'allée des Vergers, la sente des Dorées, l'impasse de la Cerisaie, le passage des Haies et la villa des Roses ; on n'en finirait pas de tresser des couronnes avec ces noms de lieux qui rappellent que Paris s'est posé sur un sol fertile dont la ville – côté cours – a gardé la mémoire et parfois les traces. L'affaire des cours est née là, dans cette nécessité de laisser des espaces pour le plaisir, de ménager des distances utiles, de trouver des écarts autres que les rues, entre les choses construites, pour irriguer d'air et de lumière, de pluie et de vent, ce qui sans ça serait stérile, pour ensemencer de vides le trop-plein du bâti.

Paris côté cours, un monde renseigné et nourricier donc, inscrit dans la durée et ouvert aux ruptures, mais un monde maintenant questionné par la nostalgie comme par le doute. Un monde empêché, parfois, qui semble hésiter entre préservation calculée, audace mesurée et copie conforme, ne voyant pas la question obligée : et la construction de la Métropole moderne avec ça ? Pour faire court et sans compter le débat démocratique. C'est pourtant avec ça qu'il va falloir faire et il n'y aura rien de trop pour rendre intelligible cette ville hors les rues et contribuer aux arguments d'une raison critique qui devra aussi creuser de ce côté-là. Car Paris est une ville de cours, comme d'autres sont de tours ou d'eau, ou de parcs. Une ville de cours et de toutes ces formes du vide inventées au fil du temps pour être « chez soi en ville », pour habiter la ville et pour cela accepter que Paris soit fait de tout et de rien, le tout du bâti et le rien du vide, sous peine d'oublier, à trop laisser soliloquer les pleins, à quel point il n'est de société urbaine possible que dans la mesure des distances et la préservation des intervalles.

En attendant Paris change, substitue ou préserve, et s'interroge sur ses allures. Resserrement, desserrement, ça n'est pas si loin que le temps long de la ville a fait siennes ces utopies du langage qui parlent de la compacité des formes urbaines, seulement les moyens de l'urbanisme et de l'architecture ne sont pas ceux du langage de l'utopie, la ville est réelle et l'avenir dure longtemps.

Alors la cour ?

*Pierre Gangnet est architecte.*

Avertissement

# Sommaire

| | | |
|---|---|---|
| 5 | Jean Tiberi | Avant-propos |
| 7 | Yves Galland | Préface |
| 8 | Pierre Gangnet | Paris, côté cours : les noms de la chose |

## 13 Choses vues

| | | |
|---|---|---|
| 15 | Jean-Pierre Le Dantec | Madame Ariane, 2e cour à gauche |
| 25 | Alexandre Chemetoff | Le paysage des cours |
| 34 | Pierre Gangnet | Le jardin vertical : éloge du renversement |
| 37 | Bruno Fortier - Arnaud Dupuits | L'immeuble, haut en bas |
| 43 | Michel W. Kagan | Entre proche et lointain : six exemples montmartrois |
| 49 | Yves Lion | Vie bourgeoise |
| 54 | Pierre Gangnet | La cour anglaise : éloge de l'écart |
| 57 | Pierre Micheloni | Paris en plaques : une analyse comparée de tissus urbains |

## 69 Toute une histoire

| | | |
|---|---|---|
| 71 | Jean-Claude Garcias | Les trois cours : histoires à rebours |
| 81 | Monique Eleb | L'immeuble à cour : lendemains d'éclipse |
| 91 | Henri Ciriani | 38 boulevard Raspail : souvenir d'en France, l'agence Gomis |
| 97 | Éric Lapierre | Fenêtres sur cours |
| 116 | Pierre Gangnet | La cour couverte : éloge d'un premier rôle |
| 119 | Roger-Henri Guerrand | Dans l'enfer du puits noir |
| 128 | Christian de Portzamparc | Paysage intérieur |
| 131 | Henri Bresler | Redans et redents : la cour ouverte |
| 152 | Pierre Gangnet | L'ailanthe : éloge d'un mauvais sujet |
| 155 | Michèle Lambert-Bresson | La campagne à Paris : histoire d'un sentiment de la nature |

## 167 Questions en cours

| | | |
|---|---|---|
| 169 | Jacques Lucan | Ouvert / Fermé : postures d'un débat |
| 178 | Pierre Gangnet | Les arènes de Lutèce : éloge de la cruauté |
| 181 | Dominique Lyon | Ceci n'est pas une cour |
| 189 | François Leclercq | Éloge de l'épaisseur |
| 194 | Frédéric Borel | L'appel de l'intériorité |
| 197 | Michel Corajoud | L'horizon des cours |
| 205 | Christian de Portzamparc | L'échappée belle *Dialogue avec Pierre Gangnet* |
| 217 | Pierre Gangnet | La tentation du Palais-Royal |

# Choses vues

« L'art moderne, fils de l'âme et de l'esprit, a pour principe non la forme, mais la physionomie, mais l'œil ; non la colonne mais la croisée ; non le plein, mais le vide. »

**Jules Michelet**
*Histoire de France*
« Préface » de 1869
Œuvres complètes
Éditions Flammarion 1975-1983

La cour de l'immeuble 24 quai de Béthune, Paris 4e, construit pour Héléna Rubinstein par Louis Süe, architecte, 1934-37.

« Du fond de ce boyau montaient des éclats de voix canaille... »

Paris, côté cours

# Madame Ariane, 2ᵉ cour à gauche

Un voyage de Dédale dans les arrières de la ville

**Jean-Pierre Le Dantec**

Feuilletant *Sens unique*[1] de Walter Benjamin, poussé peut-être par ce que ce titre évoque du cul-de-sac, de la voie sans issue que forment (en théorie, car elles sont parfois trompeuses à cet égard) les cours parisiennes, je tombe sur cette notule : *Madame Ariane, 2ᵉ cour à gauche*, dont je m'approprie ici, passagèrement, le titre. Sous couvert de railler les paresseux, les lents qui préfèrent interroger une voyante plutôt que de saisir l'instant qui passe – car même l'attrait d'un nom, Ariane, portant tous les espoirs de ne pas s'égarer dans le labyrinthe de la vie, ou de la ville, ne saurait excuser à ses yeux pareil aveuglement –, Benjamin, à sa manière vagabonde, comme égarée dans le dédale du savoir, de l'existence et des mystères de Paris, traite du temps. Du temps dans ce qu'il a de plus magique et diabolique : « Le bonheur des prochaines vingt-quatre heures dépend de la manière dont nous saurons le saisir au réveil », écrit-il pour régler leur compte aux clients de Madame Ariane, voués au sens unique de la 2ᵉ cour. Et il le fait avec d'autant plus d'à-propos qu'une cour précisément, du moins celle de l'immeuble qu'on habite, peut être assez bien décrite comme le lieu de ce temps presque instantané où, au matin la traversant, cette cour, et ce faisant passant de l'abri, de l'espace intime du chez soi à l'espace commun de la rue, on saisit la journée qui vient – ou on la rate.

[1] Maurice Nadeau, Paris, 1991.

Ce qui ferait d'une cour d'immeuble une sorte de seuil profond, dilaté, qui ne serait pas une simple frontière linéaire mais posséderait une certaine épaisseur. Un espace transitoire donc, où s'interpénètrent privé et public, tout à la fois poche de l'air agité du boulevard creusée dans le calme des demeures, et antichambre à ciel ouvert de cette part de vie dont on ne montre que ce qu'on veut, qui se déroule à l'abri des murs et des regards. Une traduction simultanée, en quelque sorte, du langage de la ville dont, par la cour, pénètrent les éclats des bruits et des lumières, et du langage intime dont mille bribes s'échappent par les fenêtres, portes et autres ouvertures. Aussi est-ce la cour qui, le matin, donne une dernière chance de se réveiller avant la rue ou le métro (à temps pour s'apercevoir qu'on est trop légèrement vêtu ou qu'il va pleuvoir) et de pénétrer du bon pied dans la journée à venir. Aussi est-ce en elle que peuvent se dérouler les infinis conciliabules de ces êtres plus vraiment dedans mais pas encore dehors que sont les adolescents. Et aussi est-ce dans la cour qu'on envoie jouer les enfants et que les vieux solitaires ont tout le temps et le loisir de découper la journée en menues tranches de bavardages.

### Je me souviens

Mais trêve d'images bénéfiques à propos de lieux qui peuvent tout autant signifier l'enfermement ou la claustration. Ainsi – est-ce le fait d'avoir écrit le mot « enfant » qui en est la cause ? – voici que se lève en moi, affligeant, le souvenir de l'arrière-cour d'immeuble haussmannien de standing médiocre où, à l'occasion de sa première visite à Paris, le petit provincial que j'étais séjourna quelque temps chez des parents. Comme dans toutes les bâtisses de genre, le contraste y était caricatural entre la « devanture » prétentieuse – façade lourdement décorée, hall d'entrée pompeux, tapis d'escalier retenus par des barres de cuivre, miroirs, banquettes recouvertes de peluche aux étages – et la tristesse des « arrières » cachés derrière des vitres dépolies. On m'avait dressé un lit dans un cagibi donnant sur une cour triangulaire, trop étroite pour que le soleil y pénétrât jamais, et dont le sol en ciment était coupé par un muret qui tranchait en deux parties cet espace exigu où personne ne mettait jamais les pieds. Personne sinon un chanteur des rues tel qu'il en existait encore au début des années cinquante, être à mes yeux inquiétant qui, chaque dimanche matin à la même heure, venait pousser la romance d'une voix cassée par l'alcool. Rituellement, quelques fenêtres s'ouvraient alors par lesquelles était jetée, au fond du sombre boyau, une pièce de monnaie soigneusement enveloppée dans du papier journal afin que, tombée aux pieds du chanteur, elle n'allât pas rouler sur le ciment et finir sa chute dans le caniveau. Tout aussi rituellement, sa goualante finie, l'homme remerciait les fenêtres aveugles et continuait sa tournée. C'était là le seul événement qui se déroulât jamais dans cette cour : les cuisines, salles d'eau et quelques chambres y donnaient, mais il ne restait rien, à part la crasse des murs, de l'agitation qui règne dans le « cloaque » domestique décrit dans *Pot-Bouille* : « Du fond de ce boyau montaient des éclats de voix canaille, mêlés à des rires et à des jurons. C'était comme la déverse d'un égout : toute la domesticité de la maison était là, à se satisfaire. » Aussi me revois-je dans mon réduit, tel Octave Mouret rêvant dans sa mansarde de « la majesté bourgeoise du grand escalier », me rappeler, pour oublier la sinistre cour, l'animation et la gaieté des rues de Paris.

J'ai connu pire encore, en matière de cour parisienne, quelque dix ans plus tard. Logé aux frais de l'État à la prison de la Santé pour avoir dirigé un journal « révolutionnaire prolétarien » dont les articles avaient été jugés « appeler au meurtre, à l'incendie, au pillage et à l'émeute », je me retrouvais neuf mois durant à tourner chaque matin dans les cours de la première, puis de la deuxième division de cet établissement d'ordinaire mal fréquenté. Dans ces arènes bitumées elles aussi triangulaires, mais dont l'étroitesse était renforcée par la haute grille qui les séparait d'un chemin de ronde où veillaient les matons, le sens de la promenade était… unique absolument. Non par contrainte, mais par rituel. Nous marchions vite, causant à toute allure par petits groupes, pour profiter le plus possible de cette demi-heure de détente et de sociabilité. Et nous regardions le ciel, le ciel que nous n'apercevions guère qu'en cette occasion et, au sein de ce ciel encadré comme nous-mêmes par les murailles grises de la

La maison d'arrêt de la Santé, Paris 13e. Vaudremer, architecte, 1867.

La cour de Rohan, anciennement cour de Rouen, Paris 6e.

De haut en bas et de gauche à droite :
Le passage Lhomme, Paris 11e.

Le passage du Cheval-Blanc, ouvert en 1824, Paris 11e.

La cour de Bretagne, rue du Faubourg-du-Temple, Paris 11e.

La cour du 22 rue de la Folie-Méricourt, Paris 11e.

prison, nous fixions les nuages venus de l'Atlantique ou de la Manche, les nuages qui passaient au-dessus des cimes des hauts marronniers du boulevard Arago, les nuages qui filaient « là-bas… là-bas », les « merveilleux nuages ».

Évoquer un tel cas limite paraît déplacé ? Sans doute. Encore que cet exemple extrême de cour parisienne hermétiquement close puisse être associé à toute une série d'autres cours plus ou moins interdites, invisibles en temps ordinaire au flâneur, et pleines du charme trouble du mystère par conséquent. Cours d'écoles ou de lycées, cours d'hôtels particuliers, cours de résidences diplomatiques ou ministérielles, cours de congrégations religieuses, nombreuses encore dans le sixième ou le septième arrondissement, dont j'ai la chance de connaître quelques-unes, telle celle des Missions étrangères qui borde la rue de Babylone…

Qu'y a-t-il derrière leurs hauts murs ? Des esplanades empierrées, des jardins ? Recèlent-elles, ces cours secrètes, quelque trésor caché, pavillon, grotte, fontaine, statue ? Et quelle intrigue bizarre, quel rite plaisant ou monstrueux, se tramant-ils à l'abri de leurs murailles et de leurs grilles ? Avoir sucé depuis l'enfance le lait et le miel des aventures de Rouletabille, Lupin et Fantômas n'est pas étranger, sans doute, à d'aussi puériles interrogations. Mais il en va des villes – j'entends des villes véritables comme Paris et non pas des lieux-dits s'efforçant de passer pour des villes – comme de la littérature et, spécialement, des romans : l'imaginaire inclus dans leurs plis et replis a autant de prix que leurs édifices, et le réseau fractal des « vides » qui les innerve participe autant à leur existence et à leur poésie que celui des « pleins ». Étant entendu que ces vides peuvent être éventuellement fermés, même si je ne cache pas préférer qu'ils soient ouverts.

### Ouvert, fermé

« Vides » ouverts / « vides » fermés. Voilà une alternative, concernant les cours parisiennes, qui ne manquera pas d'évoquer aux initiés le débat (non clos !) mettant en présence, dans le milieu des architectes et des urbanistes d'aujourd'hui, les adeptes de l'« îlot ouvert » et ceux de l'« îlot fermé » – dont les camps ne sont pas étanches, fort heureusement. De fait, il s'agit à peu près de cela, à trois conditions près.

En premier lieu, il convient de ne pas réserver la notion d'« ouverture » à la continuité évidente du « vide », mais d'inclure dans celle-ci les porosités ambiguës que permettent les porches, les passages (parfois dérobés) et même, dans certaines circonstances, les larges échappées visuelles ouvrant sur de grands ciels. Je laisse aux antiquaires l'exemple trop « chic » du village Saint-Paul où, à la faveur du nettoyage muséographique qu'a subi le Marais il y a vingt ans, on a (habilement) fait communiquer des cours jusque-là enclavées de manière à créer un labyrinthe-décor où se sont installés, comme de juste, des… brocanteurs ; je ne m'attarde pas – même si le résultat est plus convaincant parce que moins artificiel – sur le Passage du Cheval-Blanc menant de la rue de la Roquette au faubourg Saint-Antoine par un dédale intelligent de ruelles et de cours intérieures à la topographie aussi subtile que hasardeuse ; et j'abandonne à son caractère exceptionnel un ensemble aussi fabuleux que celui de la Cour du Commerce-Saint-André et de la Cour de Rohan où chaque pas ouvre sur une merveille spatiale ou végétale. Pour être en effet, chacune à sa manière, des poches d'air complexes illustrant la notion d'« ouverture ambiguë » dont je veux parler, leur insertion dans le spectacle muséo-touristique les retranche de mes lieux de bonheur. Lesquels, j'en demande pardon aux *tours-operators*, ne s'épanouissent que dans le Paris ordinaire. D'où l'intérêt que je porte au Passage Lhomme, « fermé » côté rue de Charonne par un portail qu'on peut toujours pousser, qui n'a pas encore été débarrassé, dieu merci, de ses appentis mal fichus et d'un entrepôt vitré désaffecté qui servait récemment d'atelier à un peintre argentin. D'où le plaisir toujours nouveau que j'ai à me rendre chez un de mes amis qui habite, lui, rue du Faubourg-du-Temple dans la Cour de Bretagne, vaste esplanade occupée en son centre par un bâtiment dont la base est homothétique du rectangle de la cour où, dès l'entrée formant corridor, on se tord les pieds sur de gros pavés disjoints avec presque autant de volupté que sur une chaussée de galets à marée basse en... Bretagne. D'où le bonheur que j'ai eu à habiter, à l'époque où je dirigeais le journal « révolutionnaire prolétarien » sus-évoqué, un petit immeuble situé face à la fameuse maison dite de Casque d'or, dans le 20e arrondissement : outre sa proximité avec les hauts lieux de la Commune, eux-mêmes indissolublement liés aux cours des cités ouvrières du vieux Belleville, et outre son voisinage avec le fameux ensemble HBM, construit par Louis Bonnier au 140 rue de Ménilmontant [2], dont les cours successives m'évoquaient une « forteresse ouvrière » imprenable, cet immeuble avait l'avantage fabuleux, pour le révolutionnaire « professionnel » toujours prêt à plier bagage que je voulais être alors, de donner à la fois, via deux couloirs se transformant en une cour intérieure occupée par la minuscule maison du gardien, sur la rue des Cascades et la rue de Savie – vertu topographique qui me rappelait les traboules de la Résistance lyonnaise. Et d'où enfin l'impression d'ouverture que je ressens en pénétrant dans la dernière cour du 22 rue de la Folie-Méricourt : après une enfilade de hauts porches gris où, comme dans un rêve inquiétant, des cours latérales jusque-là invisibles se découvrent successivement, soudain l'espace se déchire, ouvrant sur un grand ciel déployé au-dessus des maisons et d'un hangar au premier plan. Rien à voir avec les séquences apparemment semblables du Berlin hobrechtien ! Au lieu que, depuis la rue bourgeoise, l'espace se resserre en une succession de cours de plus en plus étroites menant aux *Mietskaserne* [3], ici l'enfilade des cours ne fait que s'élargir jusqu'au bonheur final – fermé certes matériellement mais visuellement ouvert.

    Les exemples que je viens d'évoquer m'amènent au second point d'une défense et illustration de l'îlot ouvert, comme de la cour ouverte, dans les conditions urbaines actuelles. Contrairement à ce qui se pense et s'écrit parfois, il ne s'agit en rien d'inventions contemporaines ou même modernes, puisque les cas jubilatoires que j'ai jusqu'ici (quelque peu arbitrairement) retenus sont tous antérieurs à la modernité. Ce qui démontre, au passage, que le débat concernant les formes urbaines parisiennes ne saurait se réduire, comme on a eu tendance à le faire il y a vingt ans, à l'alternative barres et tours modernes contre îlots fermés haussmanniens. Entre ces deux extrêmes, en effet, nombre

---

2. Aujourd'hui en réhabilitation.

3. « Casernes à loyers » où s'entassait, jusqu'à la République de Weimar et ses Siedlungen, la population ouvrière berlinoise. Je note toutefois que ces lieux autrefois vilipendés comme insalubres par les architectes modernes, sont aujourd'hui très recherchés par les populations « branchées » ayant investi les quartiers de Prenzlauerberg ou Friedrichshain, situés dans l'ex-Berlin-Est.

de typologies anciennes – médiévales et faubouriennes principalement – dérivées des cours de ferme (dont les traces ne sont pas si lointaines puisque la dernière du genre, que je sache, sise au 262 de la rue Saint-Jacques, n'a disparu de Paris qu'au début des années cinquante), de relais de poste ou d'artisans, ont joué d'une langue beaucoup plus libre et moins dogmatique faisant usage, déjà, de la cour et de l'îlot *plus ou moins* ouverts. Et cette souplesse, il faut le préciser, n'est pas restée l'apanage de l'urbanisme et de l'architecture plus ou moins spontanés, puisque sa recherche est manifeste dans les réponses à certains concours d'architecture civile organisés à Paris au début du siècle. Qu'on se rappelle par exemple la proposition défendue par Augustin Rey, lauréat du concours pour la Fondation Rothschild en 1905 [4], fruit d'un compromis entre la tradition de l'alignement sur rue qui prend, dans le projet d'Anatole de Baudot par exemple, la figure classique de l'îlot fermé, et d'une apologie des « cours ouvertes » dessinées de manière à permettre la ventilation maximale des immeubles (antidote postulée à la tuberculose), il n'a pas la radicalité de la « Louve romaine » dessinée par Tony Garnier qui, faisant usage de « squares ouverts », allait jusqu'à rompre, elle, avec le sacro-saint alignement. Mais là est peut-être sa subtilité et sa modernité rétrospective qui en font l'ancêtre des propositions actuelles du type « ville âge III » dont parle Portzamparc.

4. Cf. l'étude de Marie-Jeanne Dumont, *Le logement social à Paris 1850-1930, les habitations à bon marché*, Mardaga, Liège, 1991.

**La cour du 21 rue d'Aumale, Paris 9e.**

Choses vues

### Être moderne

À compter du moment où l'on a compris qu'être moderne, aujourd'hui, en matière d'architecture et d'art urbain, n'est plus désirer avec violence mettre en œuvre un *tout nouveau* homogène en rupture avec le passé mais, au contraire, accepter le fait que la ville contemporaine est un patchwork et inventer par conséquent pour la continuer, au cas par cas, une langue nécessairement impure permettant la *compossibilité* entre des édifices et des formes urbaines disparates, les leçons des « hasards instruits » de la ville médiévale ou faubourienne et, dans une moindre mesure, de certains compromis non héroïques comme ceux d'Augustin Rey redeviennent novatrices. C'est là, il me semble, une thèse qu'illustrent chacune à leur manière trois cours d'opérations (relativement) récentes : celle du 44 rue de Ménilmontant où Henri Gaudin a su, comme personne avant lui à Paris depuis des années [5], réinventer au cœur d'un immeuble modeste un vide central à la topologie si rusée qu'elle en devient éblouissante ; celle de la rue de Meaux où Renzo Piano a disposé ses bâtiments autour d'une cour rectangulaire apparemment banale, mais transcendée par le jardin que Michel Desvigne y a planté, forêt de bouleaux argentés qui font palpiter l'air et le ciel ; et celle, enfin, du 113 rue Oberkampf où, dans une parcelle étroite, Frédéric Borel a su faire pénétrer la rue dessous un porche ouvert, puis dilater ce vide en une large poche peuplée de « pleins » aux formes étonnantes mais concertantes.

Aussi superbes qu'elles soient, ces tentatives visant à offrir au Paris contemporain une porosité subtile prolongeant celle d'un Paris non rectifié disciplinairement « à la Haussmann » ne sont-elles pas toutefois désespérées ? Comment s'aveugler sur ce qu'il en est de l'« ouverture » aujourd'hui – celle des cours comme celle des îlots –, à l'époque des règlements fixant de façon stricte la limite entre le public et le privé afin de déterminer qui a la charge de l'entretien de tel ou tel vide, de telle ou telle cour – à l'époque de ces cerbères électroniques omniprésents que sont les codes ? Oui, comment ne pas se sentir enfermé dans cette logique maniaque de la séparation ? Mais aussi : comment ne pas s'obstiner à chercher des issues ? •

[5]. Sinon Christian de Portzamparc aux Hautes-Formes. Mais là le « vide » qui organise l'îlot ouvert n'est pas tout à fait une cour, mais un espace public réinventé, avec ruelle et placette.

*Jean-Pierre Le Dantec est écrivain, historien et critique d'architecture, de paysagisme et d'urbanisme, il est professeur à l'École d'architecture Paris-la-Villette.*

**Logements et bureau de poste, 113 rue Oberkampf, Paris 11e. Frédéric Borel, architecte ; Ministère des Postes et des Télécommunications, SA d'HLM Toit et Joie, maîtres d'ouvrage ; 1993.**

« Un instant on a le sentiment d'échapper au temps présent... »
Dans l'îlot Poliveau, Paris 5e.

# Le paysage des cours

Alexandre Chemetoff

## Les cours : espaces de liberté ou lieux de mémoire

Il aura fallu un duel mortel pour qu'une cour soit transformée en place. « C'est le coup de lance de Montgomery qui a créé la place des Vosges », disait Victor Hugo.

Ainsi se transforme la ville.

La place des Vosges et l'hôpital Saint-Louis : l'une place royale, cour urbaine, l'autre, cour des pestiférés illustrent deux raisons de la règle urbaine : l'une fondée sur la volonté d'ordonnancement, l'autre sur celle de l'isolement, de cantonnement. Deux figures parallèles : d'un côté une place, de l'autre une cour. Deux figures régulières dessinées à la même époque par le même architecte, de ces deux figures géométriques, l'une expose et l'autre protège.

Michel Foucault parle ainsi du quadrillage de la ville pestiférée : « Chacun doit dire son nom en se présentant à une fenêtre sur rue. Ceux qui habitent sur cour se voient assignés une fenêtre sur rue »[1]. Pour être de la ville il faut habiter sur rue.

La cour échappe au contrôle, à la règle. Elle constitue un revers de la ville, son versant opposé, une sorte de monde protégé parallèle. Dans les cours c'est une ville différente qui apparaît, comme si l'esprit des cours se référait à un autre temps de la ville, « nostalgie d'un Paris imprévu ».

La cour existe par contraste, elle révèle une ville cachée, secrète, réservée, par opposition à celle des alignements et des grands ordonnancements des boulevards et des places.

Il y a au moins deux sortes de cours, les unes sont déterminées par l'implantation de bâtiments qui organisent une composition et des distributions, les autres résultent de l'occupation de la trame parcellaire par des constructions. D'un côté la cour de l'hôpital Saint-Louis, archétype d'une figure régulière ordonnancée dans laquelle c'est une composition qui détermine les rapports des éléments entre eux, de l'autre ce que l'on appelle dans le pays de Caux, une cour et qui ressemble à un enclos occupé de-ci de-là par des bâtiments dont l'implantation semble hasardeuse.

Ces cours, ou clos-masures, sont des enclos fermés par des haies d'arbres plantés sur une levée de terre le long d'un fossé. Les dimensions de ces cours sont variables, de forme rectangulaire, elles abritent les bâtiments

1 : Michel Foucault, *Surveiller et punir, naissance de la prison*, Gallimard, Paris, 1975.

d'exploitation agricole et les logements des fermiers. Les bâtiments sont disposés en général à la périphérie de la cour, isolément les uns des autres. Le centre est occupé par un verger. La façade de la cour est formée le plus souvent par des arbres, hêtres, chênes de première grandeur qui constituent un rideau.

On comprend par cet exemple que la cour est une figure de paysage, un état du sol avant d'être une forme construite.

La cour est une parcelle dont la limite a valeur de paysage. La cour est un enclos, un parc au sens étymologique du terme. Ce qui régule l'implantation libre des bâtiments c'est la forme même de l'enclos. C'est l'enclos que l'on appelle cour. La cour est une parcelle habitée.

Paul Vidal de la Blache décrit ainsi les cours dans son tableau géographique de la France : « Ainsi se sont multipliées les fermes entourées de leurs vergers ou masures, d'où le fermier surveille son bétail et que flanquent des fossés ou levées de terre garnies de hêtres. Ainsi ont pullulé jusqu'à couvrir parfois plusieurs kilomètres, ces villages dont les rues sont des bosquets et dont les maisons s'espacent entre les pommiers. »[2]

Je ne m'étendrai pas sur les cours composées mais je m'intéresserai ici à l'idée des cours parcelles.

2 : Paul Vidal de La Blache, *Tableau de la géographie de la France*, Éditions de La Table Ronde, Paris, 1994.

### Le vocabulaire des cours

Une cour parisienne, c'est un pavage irrégulier, des arbres au port libre, du lierre, des grilles.

Je devais dresser un catalogue raisonné des traitements des cours : les sols, les éclairages, les arbres, les arbustes, le mobilier, toutes choses qui diffèrent lorsqu'on pénètre dans l'univers des cours et que l'on ne trouve pas rassemblées de la même manière dans les rues, sur les places et dans les jardins.

Il y a dans les cours autre chose qu'une simple différence des matériaux utilisés. C'est plutôt un état différent de la mise en œuvre de chaque chose, l'émergence d'une naturalité de toute chose qui fait des cours des lieux à part dans la ville.

Il faudrait préciser que l'on parle ici des cours de pleine terre par opposition aux terrasses sur dalle, des cours qui ne sont pas des dalles de parking. Des cours où la stabilité du sol est moins établie que dans les rues, où les nivellements sont irréguliers, des lieux où les arbres auraient un port plus libre, où une certaine porosité garderait plus longtemps au sol la neige l'hiver.

Les cours sont des lieux qui diffèrent des rues non pas seulement par leur forme, leur statut ou l'emploi d'un vocabulaire différent, mais par le fait que les mêmes matériaux, les mêmes arbres, les mêmes bancs y gagnent une qualité particulière. Les cours témoignent d'un autre état de la ville, ou plutôt du fait que la ville est indissociablement liée à la coexistence de ses états différents juxtaposés. Le côté rue et le côté cour sont deux états de la ville faisant référence à deux origines de la forme urbaine, d'un côté les tracés, de l'autre la permanence d'un parcellaire transformé.

Tout se passe comme si la ville se construisait selon plusieurs règles : l'une faite de l'échange entre l'espace public et privé et l'autre, à l'intérieur de

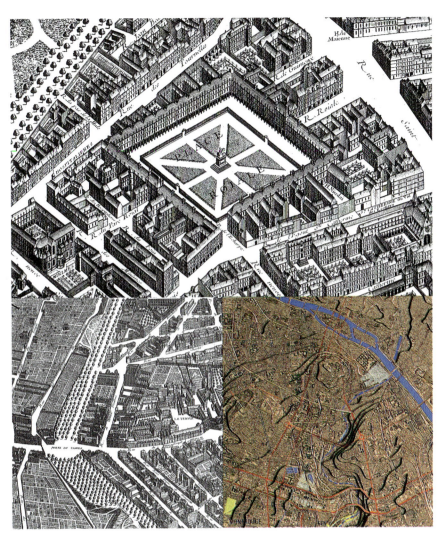

En haut : **La Place Royale, plan de Turgot ; 1736-1739.**
En bas, de gauche à droite : **La porte du Temple, entre ville et campagne, Plan de Turgot ; 1736-1739.**
**Le cour de la rivière Bièvre reconstitué, maquette N. Massenet ; 1994.**

l'espace privé d'une relation au site, dans une logique de situation où chaque parcelle serait déterminée par une règle mais se singulariserait comme une situation construite.

### Les raisons d'aller de cours en cours

J'aurais pu collecter des objets ayant appartenu à des cours et tenter d'en dresser l'inventaire, consigner entre les lignes d'un registre l'identité des cours, en espérant que ces éléments épars ainsi réunis résument l'esprit des cours, des façons de faire pour aménager des cours dignes de ce nom, sur quelques dizaines de mètres carrés de terrain parisien. Il y aurait un sol, une texture des cours différente de celle des rues et cette différence même fonderait l'esprit des cours ou contribuerait à en définir la singularité. En m'intéressant donc à cette question des cours, j'ai fait ce que d'ordinaire on ne fait pas – et que la circonstance,

Choses vues

ma contribution à cet ouvrage, me conduisait à accomplir – c'est-à-dire à passer de cours en cours.

En effet, il m'était souvent arrivé d'entrer dans une cour, soit à la recherche d'une adresse ou bien par curiosité et par goût de la flânerie. Mais je n'avais jamais été de cours en cours. Personne ne le fait d'ailleurs, sauf les postiers, les agents du gaz ou de l'électricité, ou bien encore les colporteurs, toutes catégories que je n'ai pas interrogées et qui me semble-t-il ne sont pas ici mises à contribution. Je cherchais donc une raison pour aller de cours en cours selon un ordre logique. J'aurais pu « faire les cours » du 14.ᵉ arrondissement puisque j'y habite ou bien encore les cours de Montmartre, ou celles que je connaissais dans la ville. Mais je ne trouvais pas de raisons suffisantes pour m'y intéresser. Il manquait un sens à ces visites.

Parcourir Paris et la banlieue à la recherche du cours improbable de la Bièvre est une sorte de quête permanente et un peu obsessionnelle qui m'occupe depuis de nombreuses années.

C'est autour de cette promenade que j'ai ordonné ma recherche de cours en cours. J'en connaissais certaines, je suis allé les revoir et après avoir cherché les traces encore visibles du passage de la Bièvre, je me suis appliqué à visiter des cours, le long de la vallée de cette rivière disparue, un parcours donc de

Dans l'îlot Poliveau,
au bas de la rue Geoffroy-Saint-Hilaire, Paris 5ᵉ.

cours en cours pour assembler dans une géographie recomposée des cours isolées et séparées. Comme dans un dictionnaire topographique où l'ordre géographique remplacerait l'ordre alphabétique. Je choisis d'explorer les conditions de construction de la ville sur elle-même, d'examiner *in situ* les modes de formation de cette géographie construite.

La question du vocabulaire des cours m'a donc conduit sur les rives incertaines d'une rivière disparue, à la recherche de cours, non pas de ces cours isolées, mais de cours rassemblées par la promenade. Ainsi apparaît un paysage des cours.

Comme le note Bernard Rouleau dans l'introduction de l'ouvrage qu'il a consacré à Paris : « Cette histoire de la ville n'est vraiment la sienne propre que parce qu'elle s'est déroulée dans un cadre géographique particulier qui constitue le patrimoine commun de ses habitants. Ce cadre est à la fois espace et paysage. »[3]

### Autour de l'îlot Poliveau

L'îlot Poliveau, une cour parcelle. Au point bas de la rue Geoffroy Saint-Hilaire entre la rue Buffon et la rue Poliveau, une grille laisse apercevoir un chemin pavé qui s'enfonce à l'intérieur de l'îlot et se perd dans un paysage d'arbres et de petits ateliers en briques bordés d'un côté par les immeubles juchés sur des socles de parkings et de l'autre par une série de bâtiments appartenant au Muséum d'histoire naturelle.

Lorsqu'on arrive à passer la grille, on entre dans un lieu inattendu et déroutant où se succèdent sans ordre apparent des constructions, des murs, des arbres. Nous sommes dans l'arrière-cour du Jardin des Plantes, dans un espace apparemment délaissé, une sorte de campagne parisienne tour à tour sordide et charmante.

Les pavés de grès de grande dimension qui constituent la chaussée intérieure de l'îlot Poliveau ne se rencontrent que très rarement dans les rues parisiennes. Les grosses bornes en fonte sont peut-être d'un modèle qui fut jadis employé et ne subsiste plus guère ailleurs en ville.

La cour peut être alors comprise comme le témoin d'une époque révolue. C'est pourquoi on a parfois le sentiment en franchissant les seuils entre la rue et la cour d'entrer dans un autre temps de la ville. Ce sentiment de dépaysement est en quelque sorte activé par une série de détails qui renvoient à un état antérieur de la ville comme si on voyait à quelques mètres de distance le Paris d'aujourd'hui et celui d'avant. Dans l'îlot Poliveau le contraste est frappant.

On marche sur ces gros pavés « Napoléon » aux joints enherbés, les accotements sont occupés par des couches de semis, des murs de meulière protègent des cours plantées. Un instant on a le sentiment d'échapper au temps présent et pourtant nous sommes dans la ville d'aujourd'hui car elle est faite justement de ses juxtapositions.

Dans l'îlot Poliveau l'idée de cour se comprend comme étant la résultante de traces d'une géographie disparue. La cour n'est pas alors une forme

3 : Bernard Rouleau, *Paris : histoire d'un espace*, Éditions du Seuil avec le concours du CNL, Paris, 1997.

composée, elle est une forme induite et ne s'explique que par les histoires successives de sa formation.

Ce n'est qu'en cherchant à situer l'emplacement où coulait la Bièvre que l'on comprend la disposition des constructions et la partition des terrains et que l'on perçoit la logique des dispositifs de distribution de l'îlot par des systèmes de cours.

### Autour de la rue Croulebarbe

La rue Croulebarbe marque le point bas de la Butte-aux-Cailles, le long de la Bièvre qui traversait jadis des terrains devenus le square René Le Gall aménagés par l'architecte Jean-Charles Moreux. Face à ce square se dresse Le Gratte-Ciel n° 1, le premier construit à Paris par l'architecte Édouard Albert. La position de l'immeuble d'Albert n'est compréhensible que dans la mesure où l'on retrace une coupe en travers sur la vallée depuis la Bièvre jusqu'au sommet de la place d'Italie et qu'on la situe au point de rupture du coteau.

La dimension de la cour-jardin par laquelle on accède depuis la rue Croulebarbe est justifiée par la position exacte de la tour dans la topographie parisienne. Le niveau de la mezzanine qui devait être reliée à l'avenue de la Sœur-Rosalie est un repère qui permet de recomposer un paysage cohérent à partir d'éléments apparemment disparates voire en rupture les uns par rapport aux autres. L'immeuble d'Albert apparaît selon le point de vue que l'on adopte comme un objet solitaire ou l'expression exacte de sa situation géographique.

On peut encore aujourd'hui descendre depuis le haut de la Butte-aux-Cailles en empruntant une série de passages dans des cours d'immeubles apparemment indifférentes au relief mais qui dévoilent la géographie de ce quartier de Paris.

Adrien Brelet, architecte, construisit en 1957 un ensemble d'habitations entre le boulevard Auguste-Blanqui et la rue Croulebarbe. Cet architecte qui participa dans l'équipe d'Auguste Perret à la construction du Havre édifia des bâtiments qui s'inspirent, sans doute, par le jeu des carrelages insérés dans les panneaux de béton préfabriqués, des murs du pays de Caux, où la brique et le silex composent des ornementations stylisées. Rien ne distingue dans ces bâtiments la façade sur rue de celle sur cour. Au centre de l'îlot sont construits les immeubles les plus hauts qui forment une équerre ouverte au sud-ouest. La façade sur cour construite sur pilotis à la rupture de pente laisse passer la vue qui s'ouvre vers la capitale.

Il me plaît d'imaginer comment cet ensemble d'habitations qui semble *a priori* sans rapport avec son contexte pourrait, d'une manière plus explicite, être mis en situation dans la ville. La cour pourrait alors devenir le lieu à partir duquel le coteau de la Bièvre serait révélé.

Il ne s'agit pas de transformer des immeubles d'ailleurs récemment remis aux normes pour les faire paraître plus parisiens. Ce qui les rendraient parisiens, c'est d'exploiter la manière dont ils pourraient être restaurés dans le respect et l'intelligence de la rationalité constructive inspirée par les Perret et ancrée dans le sol parisien, celui qui porte la ville et dont la mesure de cour en cour serait révélée comme on le ferait dans une fouille archéologique. Ainsi donc se dessine un projet des cours dans lesquelles les strates d'une géographie parisienne réapparaîtrait.

La cour banale d'un ensemble d'habitations de l'office d'HLM devient le thème d'un projet pour ancrer dans le paysage parisien des bâtiments qui de prime abord semblent être indifférents à l'histoire. Une ville de l'arrière-plan ou du second plan étant ainsi révélée, une architecture plus libre et plus attentive pourrait ainsi trouver sa place dans Paris.

### Les cours ou l'émergence de la ville du second plan

En suivant la Bièvre disparue, on découvre des traces de son ancien cours, des coteaux, la forme même de son lit dans la ville d'aujourd'hui. La ville en effet possède cette capacité singulière d'être à la fois d'hier et d'aujourd'hui ou plus exactement de livrer dans son état actuel des traces visibles simultanément de ses identités passées. Comme le dit si bien Gaston Roupnel dans son histoire de la campagne française :

« N'allez donc pas trop loin pour contempler sur nos campagnes des témoins de la fondation ! […] À chaque pas, devant vous, autour de vous, à vos pieds, se lève, d'un geste terre à terre qui se soulève à peine du sol, le terrain authentique. Il n'y a rien de pathétique. À chacun de nos pas nous heurtons les ruines d'une campagne primitive ».[4]

4. Gaston Roupnel, *Histoire de la campagne française*, Les Libraires Associés, 1955.

Ainsi on peut traverser la ville, de rues en rues, de rues en cours, à la recherche d'une rivière disparue. Le talus engazonné d'une cour de la rue Croulebarbe n'est plus seulement une figure conventionnelle de l'aménagement d'un espace vert des années cinquante, mais l'émergence véritable du coteau encore visible de la Bièvre. Les pilotis d'un immeuble ne sont pas seulement une figure constructive conforme aux canons de l'architecture moderne mais un balcon sur la vallée. La recherche de cette rivière disparue donne un sens à des parties de la ville qui semblent de prime abord échapper à toute règle de composition et met à jour un tissu de situations construites.

Autre chose que le chaos, un ordre différent.

Un Paris caché dans Paris.

Des lieux dont on ne comprend pas toujours le sens. Des lieux délaissés par ces hésitations de l'histoire sont aujourd'hui encore des terrains potentiels pour tenter de faire exister au-delà des hasards et des situations de friches un projet de proche en proche, celui d'un paysage caché qui d'îlot en îlot nous permet de recomposer une cartographie subtile de la ville.

Pour comprendre les reliefs de la géographie parisienne, il faut passer de la rue à l'intérieur des îlots, pousser des portes, passer des porches. Tout se passe comme si, franchissant les limites des rues, on entrait dans une ville plus intime, différente en tout cas, morcelée, découpée par un parcellaire rendu visible par la présence de murs, de grilles.

Cette dimension de la ville met en évidence un partage de l'espace, mais aussi un partage du temps, dans ce va et vient entre la rue et les cœurs d'îlot. On a le sentiment de relier entre eux des moments différents de l'histoire de la ville.

Choses vues

C'est ainsi que se situe pour moi la problématique des cours. Ce ne sont pas simplement des lieux composés qui forment un espace clos de bâtiments mais un ailleurs dans la ville qui est en relation directe avec un site dont la trame des rues ne rend compte que partiellement et d'une manière différente.

De cours en cours, on reconstitue un ordre géographique de la ville qui permet d'ordonner les éléments d'une architecture d'autant plus disparate que l'on tente d'en saisir le sens comme une composition. On peut alors comprendre la cour ou le cœur d'îlot comme un paysage relié à d'autres paysages et qui, assemblés comme les pièces d'un puzzle forment une image cartographique et témoignent d'autres raisons de la ville.

Une ville apparemment moins ordonnée s'offre au regard. Les plans successifs des bâtiments composent des paysages à la manière de décors de théâtre où la profondeur est simulée par un jeu de coulisse. On a le sentiment de découvrir la ville photographiée de dos. Ce qui pourrait n'être qu'un chaos incompréhensible devient intelligible dès lors que l'on superpose mentalement à cette première image celle de la géographie qui ordonne les plans disparates d'un théâtre désarticulé, pour nous livrer alors un ordre caché, celui d'une ville ou le second plan – l'arrière-plan devient la figure majeure.

Ce qui devient alors constitutif de Paris, c'est l'épaisseur d'un tissu composite, un système de cours traversé par des rues dans lequel la topographie joue un rôle déterminant. On peut comprendre la végétation qui pousse dans les cœurs d'îlot comme une vraie nature qui révèle cette topographie. Cela n'est pas alors des jardins secrets que l'on devine au cœur des îlots mais les restes encore perceptibles d'un état antérieur de la ville. Se dessine un projet des cours qui révélerait l'épaisseur historique de la ville et permettrait pour cette raison même, de prendre des libertés avec le style et ainsi retrouver ou reconquérir une liberté des usages et des constructions.

Les cours, ces zones de non-droit se sont déplacées des centres où elles étaient imbriquées dans l'espace de la ville vers les « cours neuves » en dehors où règne l'îlot ouvert. Ces interminables étendues « d'îlots ouverts » que l'on appelle banlieues sont peut-être des cours sans ville. À Paris comme en banlieue, la question revient à imaginer comment associer les temps différents de la ville et des lieux différents sur un même territoire. Paris associe dans ses quartiers deux dimensions de la ville ailleurs disjointes, les cours et les rues. C'est en cultivant ces différences, en mettant à profit ces logiques de situations contrastées et concomitantes, en montrant comment les époques et les styles sont réunis dans cette ville, que Paris pourrait être exemplaire. C'est parce qu'elles sont des lieux de mémoire que les cours sont des espaces de liberté. •

*Alexandre Chemetoff est architecte-paysagiste et urbaniste. Il dirige le Bureau des Paysages depuis 1983 et enseigne à l'École d'architecture de Paris-Tolbiac.*

De haut en bas et de gauche à droite :
La cour basse du groupe Auguste-Blanqui, Paris 13e.
Cour dans le quartier de la Reine-Blanche, Paris 13e.
La cour haute du « Gratte-ciel » n° 1, 33 rue Croulebarbe, Paris 13e. Édouard Albert, Boileau et Labourdette, architectes ; 1960.

## Le jardin vertical  Éloge du renversement

### Pierre Gangnet

On ne le sait pas assez, ou on l'a oublié, mais la cour parisienne a inventé deux faits majeurs : l'escalier B et le jardin vertical.

Du premier, on a souvent pointé l'apport incontestable à l'univers des formes et à la création des chambres de bonnes. Mais du second, rien, ou si peu.

Pourtant il crève l'écran que sans lui ce n'est pas que les murs pignons seraient tristes, en vérité ils ne sont, ces murs, ni gais, ni tristes, ils sont, tou

Mais décidez le jardin vertical, plantez abondamment, faites grimper vivement, laissez reposer et vous connaîtrez bientôt les plaisirs de ce renversement.

À la scène anodine des murs va succéder une présence véritablement impalpable. Plus de gazon à tondre, d'enfants à interdire, une pure contemplation sans usage, donc une dépense utile, moderne.

Avec le jardin vertical, vous introduisez le doute dans l'évidence du bâti, dématérialisez les plans ; vous entrez dans la métamorphose.

Confirmant grâce à lui le statut précaire de l'homme, petit, forcément petit, devant le spectacle de la nature, vous faites œuvre morale.

Procurant de plus, par cette scène paysagère, des vues apaisées à tous les étages de l'escalier B, vous serez généreux.

Ainsi donc, avec le jardin vertical, vous serez tout à la fois moderne, poète, philosophe et philanthrope. Bel élargissement de perspective pour l'urbain que vous êtes !

**Poète, vers la Maison de la Radio, Paris 16e.**

**Philanthrope, rue Barrault, Paris 13e**

Paris, côté cours

mplement.

Philosophe, Cité Blanqui, Paris 13e.

Moderne, un peu partout.

« Un parvis formant lame... »
Espace de méditation, Aile Ségur du siège de l'Unesco,
9 place Fontenoy, Paris 7e. Tadao Ando, architecte ; 1995.

# L'immeuble, haut en bas

**Bruno Fortier - Arnaud Dupuits**

Caresser aujourd'hui l'idée d'une ville enfin complexe et où l'ombre ait sa part, faire un tour du côté de ces cours, si merveilleuses et si bizarres, c'est engager – presque à tout coup – des procès en cascade.

Procès contre nous-mêmes d'abord et contre l'incapacité où nous sommes d'installer, en arrière de la rue, des plis qui, enfin, soient des havres. Contre les autres ensuite et cette avalanche d'interdits, de barrières plus ou moins impalpables, qui font que les quatre côtés d'une cour ou les deux versants d'un passage sont à la fois limpides et absolument improbables : impossibles à reproduire sur un sol qui n'est plus qu'un sandwich recouvert de terre végétale, et dans des normes qui autorisent à peu près tout, sauf justement ces adossements, toute cette grammaire de puits, de tutoiements et de batailles que l'éthique administrative veut bien que l'on expose, que l'on inventorie ou que l'on classe, mais, en fait, ne supporte pas… Procès enfin contre ce monde lointain de tours, de galettes et de barres qui n'a pourtant détruit Paris que dans de rares endroits, mais a laissé partout une peur du *prochain* si profonde que le grand « retour à la rue » auquel s'est essayé la Ville dans chacun des quartiers qu'elle lançait sur l'emprise ancienne de ses ZAC, a buté sur des intérieurs tout aussi dilatés et souvent plus macabres que ne l'auraient été ceux qu'elle souhaitait corriger au profit d'une ville plus normale.

Le verrou – le dernier – qu'il faudrait aujourd'hui faire sauter pour que la ville contemporaine ne soit pas qu'un placage, une imitation sans substance d'un univers jadis profond et, de loin, plus aléatoire, serait donc celui-là. Non pas le volume pur s'affirmant sans rime ni raison et pariant sur d'autres volumes pour qu'en résulte une harmonie moins sage, mais bien plutôt ce grand *refus du proche*, cet interdit du face à face, si totalement inscrit dans toutes les réglementations, que la possibilité d'un tissu n'y trouve plus aucune place. Et ce qu'il faudrait tuer, oublier et éradiquer en nous-mêmes pour que la profondeur innerve nos projets et les rende accueillants au pas, c'est cette étrange complicité entre une urbanité classique et une modernité, l'une et l'autre frontales, qui, en définitive, se sont si bien mariées dans les quartiers nouveaux de Daumesnil ou de Tolbiac. Y installant à l'alignement des immeubles qui – malgré tout – ne sont qu'une version assouplie de ce qu'avaient été les barres… Système pelliculaire qu'il faudrait au contraire disperser, étager dans la profondeur, trancher de haut en bas, pour y installer à nouveau tout ce vocabulaire de verticales dont Christian de Portzamparc, le premier, avait montré qu'on pouvait jouer dans son petit ensemble des *Hautes-Formes*, fermant sans les souder six bâtiments-totem autour d'une petite place ; que Frédéric Borel, plus récemment, a réussi à tordre et à inscrire entre deux mitoyens au prix de dérogations inavouables. Ceci pendant que d'autres (François Leclercq et Fabrice Dusapin le long de la rue de Belièvre, Diener & Diener, aujourd'hui, avec leurs immeubles jumeaux de la rue de la Roquette) s'efforçaient de rompre des fronts qu'ils auraient pu emplir et refermer sans état d'âme, ou encore inventaient – comme Philippe Gazeau, rue de l'Ourcq – des immeubles si fins que leur statut de lame les autorisait à glisser dans la profondeur des parcelles, sans que la cour réapparaisse, mais au profit, du moins, d'un nouveau paysage.

Contre le célibat des tours, l'avenir serait donc à d'autres surgissements, plus proches et plus aimables ; et contre la monotonie des blocs, de leurs cours sans surprises et réglementairement inattaquables, il serait un mikado de passages, d'échappées, de murs hauts ici, et là-bas, dont les repères ne seraient plus les hautes-eaux du lisse et du semblable, plus cette rue d'autrefois (héritage de la scène « tragique » que Serlio opposait au « comique » de la ville médiévale) où tous les bâtiments parlaient le même langage, mais une réunion hasardeuse d'immeubles retrouvant le sol et se découpant sur la rue comme les côtes échancrées d'Irlande ou de Bretagne... Tel serait, du moins aujourd'hui, le visage dissonant de la ville idéale.

Or, en admettant un instant que tout ceci soit vrai. Que le problème soit moins celui des cours que celui de la *transparence* ou tout simplement du *passage*. En admettant que la question posée ne soit pas tant de revenir aux tissus étagés de la rue d'Hauteville, aux sentiers de la rue Saint-Antoine, mais d'installer la profondeur dans une ville ouverte – sorte de mikado aux mille et une façades – peut-être faudrait-il alors s'arrêter un instant. Regarder ailleurs pour une fois. Non pas tant du côté de ces cours qui, très probablement, n'abriteront désormais qu'un usage, mais plutôt du côté de ce thème fugacement exploré à partir des années cinquante, et qui, en décidant de survoler la ville, de l'étirer et de la nier pour l'ouvrir au regard, a constitué pendant un court instant une figure tout à fait remarquable. Parisienne ? Sans doute pas : on la retrouve à Rome, bénéficiant d'une végétation plus riche, d'un modelé du sol sans doute un peu plus favorable. Corbuséenne ? Peut-être. À condition d'aller très vite et de voir dans tout vestibule un peu vaste le reflet de ce sol « libéré » théorisé avec la *Ville Contemporaine* avant que le Pavillon du Brésil n'en donne une traduction acceptable : colombe aux multiples pattes, tardivement installée aux franges d'une cité universitaire plutôt vouée, pour sa part, à la rusticité des soubassements, aux tourelles et aux pergolas... De son temps et de son époque en tout cas, si l'on veut bien admettre que se sont croisés là trois ou quatre grands thèmes qui – au plus fort d'une activité constructive pour qui le luxe d'un espace perdu n'était pas encore un obstacle – ont mêlé à des halls sans limites, un empilement sans fin de balcons, de panneaux et d'étages... Ceci équilibrant ou expliquant cela, mais n'en formant pas moins un tout que notre souci de la ville a fini par trouver brutal, mais que les architectes de l'époque jugeaient de leur côté aux étendues de verre et aux kilomètres de marbre d'un monde entièrement neuf, où passer d'une époque à l'autre, de Carné à Melville et des *Tricheurs* au *Samouraï*, valait bien – par endroits – de bousculer l'Histoire.

Paris, côté cours

De haut en bas et de gauche à droite :
Ensemble immobilier,
48 rue de la Glacière, Paris 13e.
Joseph Belmont, architecte.

Hall de l'immeuble de logements,
66 à 78 boulevard Arago, Paris 13e.

Hall de l'immeuble de logements,
6 rue Taclet, Paris 20e.
Menard, architecte ; 1966.

Hall de l'immeuble de logements,
49-51 rue de Boulainvilliers, Paris 16e.
Hamayon, architecte ; 1958.

Hall de l'immeuble de logements,
283 rue des Pyrénées, Paris 20e.
Mario Heymann, Roger Anger
et Pierre Puccinelli, architectes ; 1960.

Hall de l'immeuble de logements, 50 rue Corvisart, Paris 13e. CETBA, architectes ; 1961.

Plus que leurs pilotis (ceux que l'on rencontre à Paris, l'ambassade d'Australie mise à part, ne valant évidemment pas les pylônes étoilés que Myron Goldsmith étudiait à l'époque pour Washington ou Montréal), et bien plus qu'un « plan libre » qui n'était déjà plus en débat, ce qui a marqué ces immeubles semble en réalité plus flou et issu d'une méditation moins étroite.

Il y a d'abord (chez Roux-Spitz, boulevard Suchet, chez Ginsberg, rue du Docteur-Blanche, chez Le Harpeur, rue du Ranelagh), dans les halls de ces bâtiments en retrait sous lesquels la rue s'insinue, passe et puis se dissout dans la ramure des arbres, l'utopie d'un sol libre et voluptueusement commercial. *Teatro* ou *piazza*, dont le vrai prototype n'aura pas tant été Marseille que la *Lever House* (1952) dessinée il y a quarante ans par Gordon Bunschaft[1] : volume pur sur Park Avenue et emblème d'un client pour qui briller était un point d'honneur, flâner une distraction excusable, et dont l'apport à ce débat fut moins son parfait mur-rideau que la nacelle de nettoyage qui en couronnait la terrasse, à l'aplomb d'un rez-de-chaussée totalement ouvert et à peu près dix fois plus vaste. Solution fluide et apparemment sans emphase, d'un pays où il n'est venu à personne l'idée européenne qu'un gratte-ciel pût quitter le sol ou même se retrouver « sur dalle » : le pragmatisme des professionnels lui préférant l'idée d'une ville simplement soulevée ou creusée de deux ou trois marches (comme dans l'ensemble plus tardif que Joseph Belmont allait concevoir pour les GAN), en retrait d'une rue bousculée mais à peu près intacte.

Il y a aussi, dans ce thème d'un parvis formant lame, une dimension inédite et absolument exclusive de toute velléité d'ancrage, dont la source cette fois, ne peut être cherchée que du côté des avant-gardes : dans ces deux plans horizontaux (un sol en travertin et un plafond de plâtre) conçus pour se faire face, dont Mies van der Rohe avait fait le point de départ du Pavillon de Barcelone et

1. Nous devons cette indication à François Loyer.

de la Maison Tugendhat. Inversant brusquement l'axe de symétrie autour duquel se distribuaient habituellement les rues et leurs façades au profit d'une composition symétrique elle-aussi, mais que la division horizontale de son grand mur d'onyx et de ses paravents de marbre transformait en un jeu de miroir[2]. Dispositif optique et piège à paysages, dont ces rez-de-chaussée au cordeau (ceux de Ginsberg, boulevard Lannes, de Van Treeck, rue de Civry, d'Anger-Pucinelli, avenue Paul-Doumer...) portent un peu partout la trace ; y ajoutant la touche française de boîtes aux lettres-champignons, de colonnes à peu près Brancusi ou de décors à la Lurçat, dans un souci d'« intégration des arts » que l'on retrouve, mais inversé cette fois, dans la fresque qu'Édouard Albert avait fait composer pour le plafond du hall qu'il avait suspendu en plein ciel, et au huitième étage de son gratte-ciel de la rue Croulebarbe.

Il y a enfin, partout, une fois la cour défaite, tranchées nettes ces interminables façades, calepinés ces accès que les revues d'alors ne publiaient jamais sans un ou deux meubles de Knoll inaccessibles à la piétaille, l'évidence humide de ces saules, de ces figuiers et de ces acacias. Et puis ce modelé extravagant d'un sol à la Burl Marx fait d'eau, de mousse, de porte-à-faux tourbillonnants et de murets Incas (Goldberg, rue Raffet, Mirabaud, square Mozart) sans lequel, à l'époque, on ne concevait pas que puissent être livrées ces résidences aujourd'hui oubliées : refoulées au profit d'un modèle peut-être plus urbain et de rez-de-chaussée terre à terre dont on découvre, jour après jour, que personne, n'en a plus l'usage.

La malédiction de cet « ordre », dont ne reste aujourd'hui que le souvenir de minéraux rivés aux pas et d'une rue où glissait le regard, étant peut-être de n'avoir pas rompu à temps avec une vision de la ville qui n'impliquait pas forcément la plate rigidité des barres. Et d'avoir, le moment venu, rendu à un autre projet – sans doute plus évident mais de loin plus opaque – le meilleur et le pire de ses armes. •

*Bruno Fortier est architecte et professeur à l'École d'architecture de Paris-Belleville.*
*Arnaud Dupuits est architecte.*

[2]. Nous empruntons ces remarques à l'analyse qu'a faite Robin Evans du Pavillon de Barcelone : Robin Evans, « Mies van der Rohe's paradoxical symmetries », *AA Files*, 19, pp. 56-68.

**Hall de l'immeuble de logements, 56-60 rue des Vignoles, Paris 20e.**
**Édith Girard, architecte ; SIEMP, maître d'ouvrage ; ZAC Réunion ; 1996.**

**Vision panoramique :**
1. La vue vers le lointain se développe à partir d'une ligne de rupture avec la ville classique basse. La limite du paysage de la ville s'adosse sur ce contrefort linéaire du quartier et crée un rapport de distance — une lecture champ / contrechamp du paysage parisien avec lui-même.
Le relief permet la vue depuis l'intérieur de l'îlot qui s'élève au-dessus des immeubles vers un panorama sans fin.

1. L'ouest parisien
(depuis l'avenue Junot et la rue Caulaincourt)

2. Quartier Junot.

2. La courbure de la rue assoit l'angle de vision de l'œil et embrasse réellement un panorama contenu. L'éclatement de l'îlot central vers le haut offre à la ville des séquences au regard et une cohésion structurelle, tenue par le *crescent*. La limite intérieure de l'îlot donne vers l'extérieur.

Paris, côté cours

# Entre proche et lointain

Six exemples montmartrois

Michel W. Kagan

La spécificité de la topographie montmartroise, parcourue d'entrelacs de rues en pente, scandée de visions furtives ou dégagées vers l'horizon de la capitale, a rendu difficile la densification haussmannienne de cette partie de la ville.

D'autre part, la caractéristique de l'architecture des années trente, et la sauvegarde du quartier dans les années cinquante, a permis à un urbanisme autre de se développer, entre le vernaculaire, et les opérations de promotion immobilières fragmentées.

La séparation fréquente des circulations piétonnes et des véhicules a été instaurée de fait. Il en découle une configuration du sol urbain générant des creux et des vides, jardins sauvages publics ou privés, qui associent une lecture simultanée du paysage urbain entre le proche et le lointain.

L'aspect escarpé du sol entraîne une équivalence des orientations sur rue ou sur cour : les quatre ou cinq façades d'un immeuble jouent un rôle égal dans une vision « cubiste » des parcours dans la ville.

La cour, par définition espace clos et protégé, est modifiée par le mouvement du sol, les socles, les glacis, passages et emmarchements... Elle s'ouvre sur l'extérieur, et cadre un morceau de ciel élargi, mettant en situation des lieux uniques.

Les six exemples suivants n'analysent pas des typologies, mais donnent une vision poétique du quotidien. La fabrique urbaine ne reproduit pas le tissu urbain : elle considère l'espace de la ville en trois dimensions, quand le tissu urbain ne reste qu'un maillage en deux dimensions. Ces visions ne posent pas la question stylistique de la forme architecturale, mais celle de l'espace qu'elle engendre. •

*Michel W. Kagan est architecte à Paris, professeur à l'École d'architecture de Lille et architecte conseil du ministère de l'Équipement.*

Choses vues

## Vision simultanée

1. La vision simultanée intercepte le proche et le lointain dans un moment unique. La succession des pignons permet des percées donnant vue vers le périphérique. Ces échappées du regard vers le territoire lointain sont stabilisées par un effet répétitif et rythmé tout en étant équilibrées par la place en contrebas. L'orientation des pignons vers l'ouest permet de porter la lumière et transforme le pignon en volume éclairé et coloré.

1. Place Constantin-Pecqueur / 3 pignons / Boulevard périphérique.

2. Du théâtre des Abbesses à l'Opéra Garnier.

2. Si au premier plan on voit le nouveau théâtre des Abbesses, on perçoit dans l'embrasure laissée au-dessus de ses toits, l'Opéra Garnier ; cette vision hiérarchise les rapports du quartier avec la ville en général plutôt que de les occulter.
L'échelle haussmannienne ainsi réarticulée par la topographie et l'histoire du développement urbain est modifiée pour produire un sens spécifique à ce quartier.

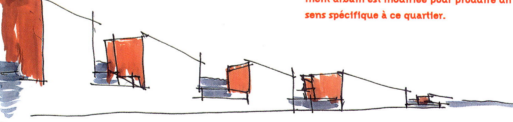

2.

 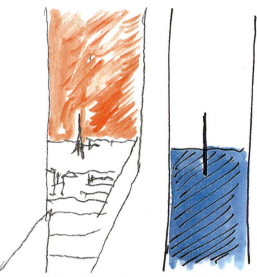

1. Tour Eiffel (depuis la cour du 35 avenue Junot)

2. Cour (Montmartre pour les artistes)

### Vision de cadrage

1. Le ciel descend à hauteur d'œil. C'est le lointain qui se rapproche par la présence d'un cadre. Entre les parois d'un toit et d'un mur, la verticale du monument émerge sur l'horizon, en survolant l'intérieur d'une cour suspendue. Ce regard décongestionne l'îlot traditionnel en lui donnant une « nouvelle » mesure.

2. Les verticales du bâti laissent apparaître par une faille la profondeur des cours laissant voir l'extérieur de l'îlot depuis son intérieur en ramenant « du ciel en plus ». Cela transforme le « contenu » de l'îlot en « contenant » et inversement. L'intérieur n'est pas relégué à un simple espace de service, mais en un espace anobli.

### Vision cubiste

1. Les éléments syncopés des façades, des volumes et des superpositions en font à la fois un collage et un bas-relief évoquant l'épaisseur induite des cours intercalées. Le ciel et le sol se reflètent de part et d'autre de cette composition. En s'annulant, ils révèlent une composition quasi picturale.

2. Le nombre et l'échelle des murs-pignons éclairés plein ouest, la couleur et les variétés de matériaux utlisés, l'usure du temps, constituent un ensemble dont la cohérence architecturale existe au sol et semble se perdre par une vision en deux dimensions. Cette succession de pignons sans fenêtre forment un collage abstrait, tableau vivant d'une perspective écrasée.

1. Au-dessus de la rue des Abbesses.

2. Pignons de « Montmartre pour les artistes ».

Choses vues

1. Exotique
(cours depuis chez Patachou).

2. Superposition de façades
(rue Simon-Dereure).

## Vision stratifiée

1. Depuis les hauteurs de Montmartre, on peut également découvrir des jardins intérieurs ressentis par la vision saccadée des murs et des mitoyens. La végétation, les arbres, les matériaux… et la couleur du ciel participent à une impression exotique.

2. Les hauteurs de façades se juxtaposent comme un photomontage. Cependant, la disjonction des styles architecturaux recomposent des intériorités « cachées » dans le hasard ainsi assemblé de cette morphologie.

1. Descente vers la rue Lepic.

2. Rue Juste-Metivier.

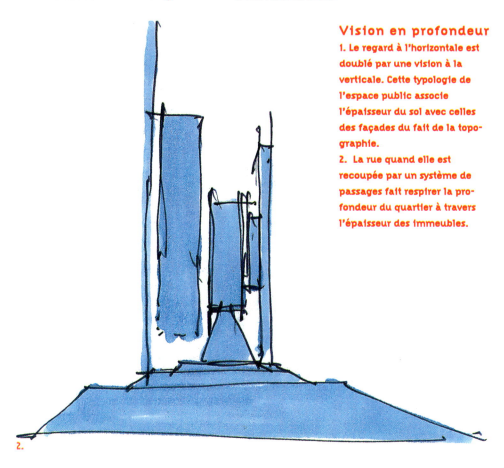
2.

**Vision en profondeur**
1. Le regard à l'horizontale est doublé par une vision à la verticale. Cette typologie de l'espace public associe l'épaisseur du sol avec celles des façades du fait de la topographie.
2. La rue quand elle est recoupée par un système de passages fait respirer la profondeur du quartier à travers l'épaisseur des immeubles.

Voici, délibérément mélangés, des immeubles entre avenue de Suffren et rue de la Fédération. Ils déterminent des cours, tout compte fait parisiennes, et constituent un espace public et un espace privé d'une très grande cohérence.

## Ville

Ci-contre : Tenues par le métro aérien, ces « caisses à savon » nous sont désormais familières.
Ci-dessous : Fédérés par le Préfet, Hilton et Tour Eiffel font, depuis une trentaine d'années, très bon ménage. Cette réussite-là, dans les échelles, dépend largement de l'énergie urbaine dégagée par l'ensemble du plan.

# Vie bourgeoise

**Yves Lion**

Depuis de nombreuses années, je fréquente avec plaisir ce quartier de Paris si peu parisien, pas du tout « branché », un peu moderne, beaucoup riche, mais surtout tellement évident.

Tout au long de l'avenue de Suffren il y a des architectes, des plans-masse : est-il vraiment utile de connaître leur nom ? De les célébrer ? Le meilleur hommage qu'on puisse leur rendre n'est-il pas surtout la reconnaissance de leur appartenance au quartier ? Ah ! Les belles architectures anonymes.

Ici, voici la vie quotidienne célébrée à coup de barre comme on n'en fait plus, la vie bourgeoise exaltée à coup de plantations généreuses, l'espace public balisé contre tous les préceptes de l'époque.

Ici on ne dit pas beaucoup cours mais plutôt jardins : mais il s'agit de cours quand même, bien délimitées.

Quoi de plus simple que ce quartier : voici « Paris-village ». Une architecture que l'on vous donne avec parcimonie ; pourquoi faudrait-il la donner autrement ? Aux côtés de la Tour Eiffel, du Champ de Mars, de l'ambassade d'Australie, de l'École Militaire.

Sans l'arrogance qui caractérise notre fin de siècle où les architectes se croient seuls au monde, si ce n'est au centre du monde, il y a entre avenue de Suffren et rue de la Fédération un urbanisme et une architecture très civilisés qui ont résisté au temps, qui ont très légèrement bousculé la forme urbaine loin des avant-gardes si académiques. •

*Yves Lion est architecte.*

### Seuils
**Ou les avantages de la porte « Clarit »
dans la conception moderne de la limite.**

Paris, côté cours

**Balcons**
Très filant, en haut.
Semi-filant, ci-contre.

Cette « élémentarité » n'interdit pas
la richesse du sol et des habitants.

Choses vues

**Cour...**
Parterres fleuris et galerie de liaison vous permettent de traverser l'îlot sans déranger.
Mixité autour du Commissariat à l'Énergie Atomique.

Paris, côté cours

### ...et Jardin
Cour de grande dimension. Ce chef-d'œuvre d'architecture urbaine est situé 45 avenue de Suffren, Paris 7e. (Si vous visitez : ne ratez pas la trémie du parking qui est un modèle d'intégration dans l'espace public).

Il faut noter aussi cet angle sans concession et dont on peut imaginer le plan : question de syntaxe...

La cour anglaise  **Éloge de l'écart**

**Pierre Gangnet**

Paris est une capitale de plain-pied. Enfin, c'est comme ça qu'elle s'est voulue pour ses espaces publics. Idéalement une ville continue, aux sols jointifs, parfaitement ajustés. La réalité devant confirmer la perspective, les verticales s'y dressent habituellement comme posées sur un plan de référence infiniment praticable. Ville qui bannit les discontinuités, craint le pli, condamne l'affouillement comme l'exhaussement, Paris colle à son sol. Un sol surveillé, de plein emploi, qu'elle veut utile à ses réseaux, nourricier pour ses arbres, jamais dérobé aux pas des promeneurs, un sol sans défaillances.

Pourtant un autre sol a toujours existé, en défoncé au pied des façades. D'abord douve, fossé, cour basse, enfin *english court* dans la terminologie chic, et la forme savante, introduite par un XIX<sup>e</sup> siècle porté à l'anglomanie. La cour anglaise donc, ce lapsus de la topographie politique, essentiellement consensuelle donc nivelée, a quand même fait son trou.

**Pour le plaisir des regards obliques, la douceur des** à l'ombre portée des passerelles, l'art du soutènement et la perfection des serrureries. A Mabillon, en douve civile dévouée à toutes les restaurations, rue de Clichy en puits de lumière pour d'incertaines salles des coffres, rue des Messageries pour le plaisir de l'œil, boulevard Raspail pour ses jeunes filles, ailleurs encore, manifestant partout, dans cet effondrement construit du sol commun, le droit à l'écart. Mais c'est à côté de l'Élysée, numéros impairs, dans le splendide isolement d'une rue dont l'accessibilité n'est pas la première vertu, qu'on trouve la cour générique importée avec la bienveillance d'Haussmann, odeur de bacon en moins, la rue anglaise en démonstration permanente, Londres à portée de pied.

Dispositif urbain comme échappé, là, de l'ambassade britannique pour dire enfin la vérité : la cour anglaise, avant que d'être un lieu ou un service, est d'abord un privilège, celui de l'extra-territorialité.

**Boulevard Raspail, Paris 14<sup>e</sup>.**

Très privé.

## lumières réfléchies

Rue Mabillon, Paris 6e.

Rue de l'Élysée, Paris 8e.

Choses vues

« Une mitoyenneté paisible... »

# Paris en plaques

Une analyse comparée de tissus urbains

### Pierre Micheloni

On a tendance à considérer le tissu urbain de Paris comme un ensemble relativement homogène, qui se développe uniformément sur tout le territoire de la ville. On l'apparente d'ailleurs souvent aux tissus denses qui se sont constitués durant tout le XIX$^e$ siècle et le début du XX$^e$ siècle et que l'on rencontre dans de nombreux quartiers de la capitale. Or un survol même rapide de la ville nous montre qu'il n'en est rien et que Paris présente au contraire une très grande diversité de tissus, chacun issu d'époques, de programmes et d'écritures différents :

– tissus denses et fermés du quartier de l'Odéon ou de l'île Saint-Louis,

– tissus continus mais relativement ouverts du quartier de Sainte-Clotilde dans le 7$^e$,

– tissus dilatés des grands îlots du quartier Picpus dans le 12$^e$ ou de lotissement Violet dans le 15$^e$,

– tissus ouverts des HBM de la ceinture de Paris ou des nouveaux îlots de logements implantés face au parc de Bercy,

– tissus éclatés des secteurs de rénovation tels ceux du quartier Saint-Éloi dans le 12$^e$ ou ceux des Olympiades dans le 13$^e$,

Tous ces tissus, très contrastés, coexistent pourtant d'une manière relativement pacifique à l'intérieur de la même emprise urbaine. Ils s'y côtoient sans s'exclure, se valorisant même parfois du fait de leur proximité, le long d'une même rue, à l'intérieur d'un îlot, dans la profondeur d'une parcelle.

Et c'est l'un des privilèges de Paris de pouvoir découvrir au détour d'une rue densément construite, le tissu pavillonnaire d'un ensemble de villas ou, à l'arrière d'un front bâti fortement constitué, une série de cours plantées.

Si parfois des distorsions spatiales apparaissent à l'articulation entre certains de ces tissus, il faut malgré tout reconnaître que Paris dans la constitution de sa forme urbaine fait l'éloge d'une « mitoyenneté paisible » qui permet à la ville de se développer dans le temps et dans l'espace tout en gardant une forte identité d'elle-même.

### La ville en maquettes

Pour rendre compte à la fois de cette diversité et de cette constance de la ville et en comprendre ses mécanismes de fabrication, il importe de la

Choses vues

considérer d'une manière homogène sur tous les points de son territoire. C'est la représentation en maquette qui est l'outil le plus adapté pour cette analyse car elle privilégie l'aspect morphologique de la ville au détriment de ses aspects fonctionnels, économiques et historiques.

Plus précisément la représentation de la ville à l'échelle du 1/1000 à partir de maquettes monochromes blanches, révèle l'un des aspects premiers et essentiels de la morphologie de la ville qui est celui existant entre ses éléments de plein et ses éléments de vide, c'est-à-dire entre ses masses bâties et les espaces libres publics ou privés qui les entourent et les accompagnent.

C'est ce type de représentation qui a été choisi pour effectuer une analyse comparée de tissus parisiens. Chaque maquette représente un territoire de 800 m x 800 m choisi dans différents quartiers de la ville et une emprise bâtie d'environ 15 hectares.

Cette représentation de Paris en plaques permet d'isoler des portions de territoire urbain et de les comparer par juxtaposition.

À cette échelle et dans ce type de représentation la distinction entre espaces publics et espaces privés est atténuée, voire absente, tandis que l'architecture ne s'exprime plus qu'en termes de masses et de disposition sur le sol sans qu'aucune écriture de façade ne permette de connaître son contenu, sa valeur esthétique ou ses origines historiques.

L'architecture s'efface derrière la forme urbaine et c'est cette dernière qui est alors appréhendée seule. La ville ne s'exprime plus qu'en termes morphologiques sans transition aucune avec un autre système de compréhension, qu'il soit fonctionnel, constructif, esthétique ou historique.

Cette lecture de la ville simplement à partir de ses pleins et de ses vides peut paraître a priori partiale et réductrice ; elle s'avère en fait riche d'enseignement car elle permet de comprendre assez précisément la constitution de ses tissus depuis leurs espaces publics jusqu'à leurs espaces privés ainsi que les « continuités ramifiées » qui existent entre ces deux territoires. Elle permet de prendre conscience du relief de la ville par le tracé des voies et le velum des constructions qui restituent les formes essentielles du site (thalweg, ligne de crête, bord de plateau…) Enfin, elle met en évidence le rôle du réseau viaire et du découpage parcellaire dans l'élaboration de la ville. Bien entendu cette lecture de la ville, si elle voulait être exhaustive, devrait être complétée par une analyse de ses contenus et de son histoire car un regard uniquement morphologique ne peut prétendre expliquer, seul, l'infinie variété des formes rencontrées dans un tissu urbain.

### Le plein et le vide

Dans la ville et dans l'architecture, pleins et vides sont nécessairement liés par un rapport de complémentarité car à toute forme de masses bâties correspond une forme inverse de leurs espaces libres (publics ou privés).

Ce rapport s'évalue en terme de figures et de dimension, il peut s'établir en faveur du plein ou du vide suivant le tissu urbain considéré, le plus souvent ces deux éléments se trouvent en équilibre, car ils ont été conçus simultanément.

Mais d'un tissu urbain à l'autre ce rapport peut évoluer jusqu'à s'inverser. On le constate à Paris lorsque l'on compare le tissu traditionnel et consolidé de la ville qui s'est développé jusqu'à la première moitié de ce siècle et certains tissus d'opération de rénovation qui ont été implantés depuis une quarantaine d'années.

Dans le tissu traditionnel qui s'est constitué souvent par la sédimentation d'occupations successives, on constate une grande cohésion de la forme urbaine. Le réseau des masses bâties et celui des espaces libres s'imbriquent dans une même entité morphologique et apparaissent comme un tout indissociable.

Dans ce type de tissu l'espace public entoure et contient les masses bâties et présente à chaque fois des figures parfaitement définies et identifiables ; la rue, la place, le square... possèdent des formes achevées qui structurent le paysage de la ville et lui confèrent en grande partie sa spécificité.

La séparation entre espaces publics et espaces privés est toujours clairement définie. Les ensembles bâtis constitués en îlots s'appuient sur la trame des espaces publics et lui obéissent. La mitoyenneté systématique des bâtiments sur rue, la continuité des façades arrières, l'adossement des bâtiments en limites séparatives, la mise en commun des espaces libres, les typologies similaires donnent une logique de « réciprocité » à l'intérieur des îlots, et leur tissu bâti présente une telle continuité qu'il semble perforé par les cours et les jardins privés.

Bien que le parcellaire soit fondu dans ces ensembles bâtis on le devine par les scansions qu'il impose aux constructions. Seuls quelques bâtiments liés à des fonctions majeures de la ville tels qu'équipements ou monuments peuvent présenter une autonomie formelle qui les distinguent du reste du tissu et manifestent leur singularité.

Dans ce type de tissu l'identification de la ville se fait essentiellement à partir du tracé des espaces publics, c'est-à-dire de ses formes en creux, de ses lieux non bâtis, de ses vides, qui sont en grande partie issus du réseau de ses voies.

À l'inverse, lorsque l'on considère les tissus urbains qui se sont constitués pendant les trente premières années après la seconde guerre mondiale, tels ceux des secteurs de rénovation comme le quartier Italie dans le 13e, celui de la place des Fêtes dans le 19e ou le Front de Seine dans le 15e, on constate une grande dislocation de la forme urbaine qui semble n'être constituée que par les masses bâties. Celles-ci se développent sur un système ponctuel d'occupation du sol laissant ainsi les espaces libres occuper la presque totalité du site, sans véritable dessin au sol.

L'équipement, le logement, le bureau s'individualisent en formes régulières et identifiables (barres, tours, plots...). Ils semblent se disposer, sur le site, avec une relative indépendance les uns des autres tandis que l'espace urbain, non plus contenu par les constructions, se dilate à l'excès pour devenir un entredeux passif sans pouvoir structurant sur la ville.

Dans ce cas la séparation entre espace public et espace privé n'est souvent plus évidente et il s'établit une ambiguïté d'usage et de gestion qui se ressent immédiatement sur le vécu de la ville.

Quartier Picpus-Bel-Air, Paris 12e.

Quartier Saint-Lambert-Vaugirard, Paris 15e.

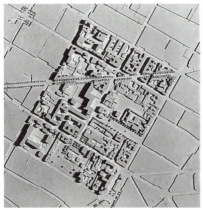
Quartier Violet-Commerce, Paris 15e.

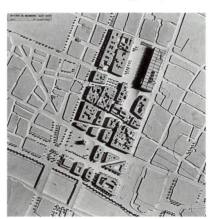
Quartier Beaubourg-Saint-Merri, Paris 4e.

Quartier Temple-Goncourt, Paris 10e et 11e.

Paris, côté cours

Dans ce type de tissu l'identification de la ville se fait pour l'essentiel par ses masses bâties, c'est-à-dire à partir de ses formes construites, de ses pleins. C'est l'architecture qui domine tandis que l'espace urbain est résultant.

Par contre, il est indéniable que ce type de tissu apporte des qualités supplémentaires de vues, de lumière et de communication à la ville et à l'architecture par rapport au tissu compact et continu de la ville traditionnelle.

C'est d'ailleurs cette volonté d'associer qualité architecturale et qualité urbaine qui est l'une des constantes de travail dans les grands projets d'aménagement que Paris conduit depuis une quinzaine d'années comme Bercy, Reuilly, Citroën-Cévennes ou Paris Rive Gauche.

Ces projets montrent une nouvelle démarche urbaine qui tâche à renouer le dialogue rompu entre l'architecture et sa ville. Ils s'appuient de nouveau sur un tracé rigoureux des espaces publics à l'intérieur duquel sont contenues les masses bâties tandis qu'un travail de coordination suivi précise le découpage au sol des opérations et les types architecturaux auxquels elles doivent obéir. Ces types interprétés ensuite par des écritures architecturales différentes enrichissent la forme urbaine en qualifiant à chaque fois fortement le paysage de ses rues et de ses places.

La perception, l'utilisation et la gestion de la ville redeviennent claires.

Ces nouveaux aménagements montrent que le thème de l'îlot ouvert n'est pas antinomique avec la ville dense et que la discontinuité bâties en bord de rue peut-être enrichissante pour le paysage de la ville dès lors que les limites entre espace public et espace privé sont clairement définies par une traitement architectural (murs, grilles, haies...).

Ainsi, cinquante ans plus tard, qualité architecturale et qualité urbaine retournent à s'entendre. Bercy, notamment au droit de son quartier d'habitation représente l'exemple le plus abouti de cette réconciliation.

### De l'espace public à l'espace privé

Tous ces types de constitution de la ville se retrouvent à Paris avec toutes les graduations possibles de paysage. Et c'est au droit de l'espace public que se rencontrent et se confrontent ces différents tissus.

Parfois la confrontation est brutale ; particulièrement lorsqu'il y a des différences d'échelles et de niveaux importants entre les tissus, comme c'est le cas avec les dalles et les tours du secteur des Olympiades ou de celui du Front de Seine, lorsqu'ils rencontrent le tissu ancien qui s'est maintenu sur leurs limites.

Parfois la confrontation est plus nuancée lorsque les tissus se trouvent sur le même niveau de sol et que les différences ne s'évaluent que par la hauteur des constructions et leurs implantations en recul par rapport à l'alignement de la rue, comme on le constate rue Lecourbe ou rue de Vaugirard.

Enfin la confrontation peut ne pas avoir lieu et les tissus se prolongent l'un, l'autre comme on peut le constater avec les différentes formes de lotissement comme les ensembles HBM situés à l'intérieur de la ville ou bien encore certains quartiers nouveaux comme celui de Reuilly qui s'inscrit en hauteur, en tracé et en implantation, dans le droit fil du tissu de son arrondissement.

Dans la ville dense, fortement constituée au sol, le rapport de construction avec la rue est relativement constant car le bâti s'affiche directement sur l'espace public, le plus souvent à l'alignement de celui-ci, parfois en léger recul ou bien organisé sur un principe de cour ouverte, dans ces deux cas l'alignement est souvent assuré par des murs ou des grilles.

À Paris, la hauteur des constructions en bordure des rues est le plus souvent proportionnelle à la largeur des voies grâce à la continuité des règlements urbains jusqu'au milieu du XX$^e$ siècle. Toute la hiérarchie des voies s'exprime par l'espacement existant entre leurs rives bâties. Depuis l'avenue jusqu'à la venelle, la lecture est sans ambiguïté et permet d'apprécier les passages d'échelle entre les voies. Les dilatations ou les resserrements de l'espace public sont souvent signifiants de l'importance du lieu ou du bâtiment qu'il dessert ; c'est le cas des guichets, des places, des parvis, des esplanades ou de squares, qui interviennent comme autant de lieux singuliers de la ville. Ils la ponctuent et lui donnent ses temps de respiration.

Dans la ville moderne ces codes spatiaux n'ont plus vraiment cours et c'est souvent l'objet seul, à travers sa masse et son écriture architecturale, qui doit exprimer sa position hiérarchique.

Mais, à l'arrière des rives bâties des rues, la maquette nous permet d'apprécier le jeu du plein et du vide à l'intérieur des îlots et des parcelles. C'est à cet endroit que ces deux éléments développent leur dialectique la plus subtile car leur confrontation est réglée non seulement par les données de la voie mais également par celles de la trame foncière.

Dans la plupart des tissus contemporains, où le découpage parcellaire est quasiment inexistant et où le bâti est organisé sur un système ponctuel d'occupation du sol, l'espace est continu et totalement ouvert depuis la rue jusqu'au fond de l'îlot. Il n'y a plus véritablement d'espaces extérieurs et d'espaces intérieurs et les architectures, constituées en objets, ne présentent plus vraiment de façade principale et de façade secondaire. L'espace est topologiquement identique dans toutes ses directions et la ville s'affiche de la même manière en tous les points de son territoire, elle est presque immédiatement lue et reconnue.

À l'inverse dans le tissu traditionnel où la lecture interne des îlots et des parcelles est en bonne partie occultée pour les constructions situées à l'alignement des voies, la ville se révèle féconde et souvent surprenante. Sa lecture est lente, voire difficile mais toujours riche de découvertes. En effet c'est à l'intérieur des îlots, dans la profondeur des parcelles que se développent les configurations les plus complexes de son tissu. C'est dans ces territoires à l'arrière de la cité reconnue que se situe sa structure intime, celle issue de la composition étroite entre les données de ses traces et celles de son relief et qui contribue à lui donner sa spécificité et sa consistance. C'est à cet endroit, à l'abri de la rue et des regards, que se découvre tout le vocabulaire d'intimité qu'entretient l'architecture avec sa parcelle depuis la rue jusqu'au centre de l'îlot.

Ce vocabulaire se décline en termes spatiaux au travers les thèmes du porche, du passage, de la cour, de la courette, du jardin, etc. Il se décline en termes matériels au travers les thèmes de l'immeuble, de l'atelier, de l'appentis, du pavillon, etc. Et si la maquette ne présente pas la coursive, l'escalier et le palier, elle les fait néanmoins pressentir dans ces parcours initiatiques qui joignent le dehors et le dedans de l'îlot, l'avant et l'arrière de la parcelle.

Le double thème du « rentrer chez soi » et du « sortir en ville » se retrouve chaque fois traité de manière différente au travers les étapes de progression qui lient l'espace collectif de la rue jusqu'à l'espace intime de l'atelier ou de la chambre.

Les rapports du bâti avec sa parcelle ne sont qu'en partie liés aux programmes qu'elle contient (habitation, activités, équipements…) et bien souvent les organisations spatiales que l'on peut rencontrer transcendent le programme qu'elles abritent, ainsi un même principe typologique de cour fermée peut correspondre assez indifféremment à un programme d'activités, à un ensemble d'habitations ou encore à un équipement public.

C'est surtout la forme de la parcelle qui est déterminante pour l'organisation bâtie qui se développe sur son emprise. Sa figure et sa dimension sont bien entendu déterminantes pour fixer son occupation bâtie. En effet, une parcelle étroite, rectangulaire et profonde présentera difficilement la même configuration bâtie qu'une parcelle courte avec un tracé complexe au sol. Il suffit pour s'en convaincre de comparer l'occupation du parcellaire serré et densément construit du quartier Saint-Séverin au parcellaire large et généreux du quartier des ambassades et des ministères le long de la rue de Grenelle ou encore à celui en bandes profondes du faubourg Saint-Antoine.

Mais c'est surtout la topologie de la parcelle, c'est-à-dire le rapport qu'elle entretient avec l'espace public et ses parcelles voisines, qui est déterminant pour les organisations bâties qui s'y développent.

Dans son principe la parcelle est une portion de territoire parfaitement délimitée de la ville, située en cul-de-sac par rapport à l'espace public qui la dessert et reliée à celui-ci par un seul de ses côtés. Plus on pénètre à l'intérieur de la parcelle et plus on s'éloigne de l'espace public plus on en est détaché. C'est d'ailleurs, l'un des paradoxes de l'îlot que de se trouver de plus en plus éloigné de la vie urbaine au fur et à mesure que l'on approche de son centre, et d'ailleurs plus cet îlot est au cœur de la ville et plus ce contraste est fort.

Mais, suivant la position de la parcelle dans l'îlot, cette topologie peut être modifiée et recouvrer d'autres caractéristiques, parfois même inverses. Ainsi suivant que la parcelle n'est qu'adossée à l'îlot ou bien qu'elle s'y encastre, qu'elle est en cul-de-sac ou traversante, à l'angle de deux rues ou incluse en cœur d'îlot, ses rapports avec l'espace public changent et les masses bâties et leurs espaces libres s'ordonnent différemment à l'intérieur de son emprise.

Ce regard de haut, donné par la maquette, permet de juger de la multiplicité de réponses possibles. Il permet de voir la compacité ou la dilatation du réseau bâti dans la parcelle et les rapports qu'il entretient avec ses limites, suivant qu'il y appuie ou qu'il s'en détache, suivant qu'il se déploie également sur l'ensemble de son emprise ou qu'il se regroupe en certains points précis de son territoire. Tous les types de volumes et d'espaces sont présents depuis l'éloignement jusqu'à la superposition en passant par la proximité et le chevauchement.

Les configurations sont multiples mais elles proviennent d'un nombre relativement restreint de types architecturaux qui se répètent sur le site. Les principaux types sont les suivants :

– organisation en cours ouvertes sur la rue ou vers l'intérieur de la parcelle,

– organisation autour d'une cour ou d'une série de cours dans la profondeur de la parcelle,

– organisation autour d'un passage latéral ou d'un passage central à la parcelle,

– organisation en diaphragme pour une série de constructions disposées parallèlement les unes aux autres dans la profondeur de la parcelle et reliées par des passages sous porche,

– organisation en peigne sur un seul bord ou sur les deux bords de la parcelle comme on le voit dans les ensembles HBM situés à l'intérieur d'îlots,

– organisation en T avec un bâtiment en alignement sur la rue tandis que son prolongement intérieur se développe au centre de la parcelle pour respecter les marges d'isolement imposées par le règlement urbain actuellement en vigueur.

Et c'est la combinaison de ces différents types et l'adaptation chaque fois nécessaire du modèle à sa parcelle et à son règlement qui donne la multiplicité d'exemples que l'on trouve à Paris.

Toutes ces configurations expriment l'approfondissement de la ville à l'intérieur d'elle-même.

De même le bord de l'îlot ne révèle pas forcément la complexité de son tissu intérieur et il n'est pas rare qu'à Paris le paysage urbain s'inverse dès que l'on quitte la rue et que l'on s'avance à l'intérieur de la parcelle. Beaucoup de rues de la capitale présentent une identité de façade qui ne laisse en rien supposer la diversité de leur tissu arrière ; la rue Monge ne laisse pas transparaître la complexité arrière du quartier Mouffetard et la présence des Arènes de Lutèce tandis que l'avenue Ledru Rollin masque totalement le quartier du faubourg Saint-Antoine.

Dans cet ordre d'idée l'analyse des maquettes montre avec évidence que le tissu haussmannien est essentiellement un tissu d'enveloppe et non de profondeur qui fonctionne comme une « croûte » en bordure des îlots et se prolonge rarement vers l'intérieur. Ce tissu est intéressé à réaliser d'importants linéaires construits à l'alignement des rues et présente de ce fait des parcelles très courtes et presque totalement saturées. Il intervient d'ailleurs souvent en « cicatrice » des percées avec une épaisseur bâtie réduite sur rue tandis qu'il laisse relativement intacte l'intérieur des parcelles qui n'est ensuite rempli que progressivement. On peut remarquer ce phénomène le long de la rue Émile-Zola, du boulevard Saint-Germain ou de la rue Lafayette. Dans tous ces cas, l'architecture habille la suture tandis que la greffe entre l'ancien et le nouveau tissu est assurée par le parcellaire.

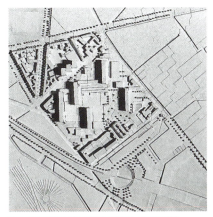
Quartier Reuilly-Saint-Eloi, Paris 12e.

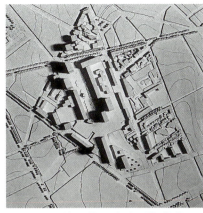
Quartier Tolbiac-Olympiades, Paris 13e.

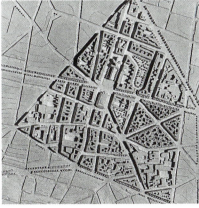
Quartier Ordener-Mont-Cenis, Paris 18e.

Quartier Gambetta-Pyrénées, Paris 20e.

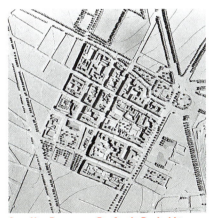
Quartier Daguerre-Boulard, Paris 14e.

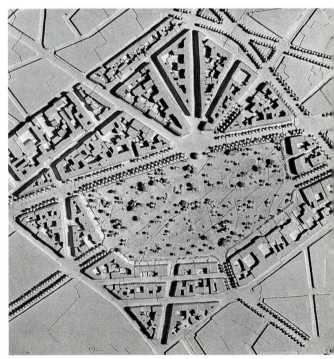
Quartier Monceau-Courcelles, Paris 8e et 17e.

Choses vues

### La voie et la parcelle

À Paris, cette coexistence pacifique entre tissus est rendue possible grâce à la présence du réseau viaire et du réseau parcellaire. L'un relie et l'autre fractionne mais leurs deux traces conjointes mettent en place une trame continue sur l'ensemble du territoire qui incruste la ville à son sol et assure ainsi une cohabitation maîtrisée de ses architectures. Cette trame donne l'ordre d'organisation aux autres composants de la ville ; elle leur impose un ordre topologique, géométrique et dimensionnel qui les contient dans un même système et permet ainsi l'évolution du tissu de la ville dans le respect de ses traces au sol.

La voie et la parcelle, et les règles de construction qui en sont issues, permettent, sollicitent ou imposent des positionnements, des distributions, des figures, des directions, des épaisseurs, des hauteurs et des espacements aux ensembles architecturaux.

C'est parce que la trame viaire du lotissement Violet n'a pas été remise en cause et que son tracé parcellaire a été maintenu dans ses grandes lignes que le quartier de la rue du Commerce, dans le 15e arrondissement, a pu garder une cohérence urbaine face aux grands bouleversements architecturaux qui sont intervenus ces vingt dernières années et qui ont remplacé en bonne partie son ancienne trame bâtie.

C'est parce que le nouveau quartier de Chevaleret-Jeanne d'Arc s'est inscrit dans la maille donnée par le réseau viaire et le réseau parcellaire de cette partie du 13e arrondissement qu'il s'intègre dans le tissu existant et n'apparaît pas comme une pièce rapportée à cet endroit du site.

La voie et la parcelle sont les garants de cette coexistence pacifique, ils sont aussi les deux conditions nécessaires à la richesse et à la complexité de la ville. Mais lorsque le réseau des voies devient trop dilaté et lorsque la trame parcellaire devient trop lâche, voire même disparaît, les architectures ne sont plus contenues dans la maille de la ville et tendent alors à développer leur propre logique de fabrication sans plus avoir de rapport avec le contexte urbain dans lequel elles s'inscrivent. Le sol de la ville devient un support passif et anonyme. Dans ce cas les règles d'occupation ne sont plus fixées par la forme urbaine mais par des critères extérieurs tels que :

— la trame constructive comme la dalle du front de Seine où l'ensemble de l'aménagement est conçu sur une trame poteau-poutre carré d'une dizaine de mètres d'espacement pour assurer le bon fonctionnement des parcs de stationnement,

— les prospects comme les tours du quartier Italie dont les implantations ont été pour une bonne part dictées par les règles de vues et d'éloignement,

— l'ensoleillement comme l'îlot Saint-Éloi où les barres d'habitations et l'ensemble des constructions qui les accompagnent sont impeccablement orientées suivant la direction Nord-Sud.

Pour tous ces cas, le rapport au sol est perdu, la ville se disperse et ses architectures s'individualisent en objets solitaires.

Dans la fabrication de la ville il faut privilégier le dessin de ses vides au détriment de celui de ses pleins, le dessin de ses traces au détriment de celui de ses masses. Il faut retrouver les vertus de l'adossement et de la construction mono-orientée, la valeur de la cour en opposition à celle de l'ensoleillement et des vues, la profondeur de la ville plutôt que son écriture de façade. Enfin, il faut remettre à leur juste place le tracé des voies et le découpage parcellaire qui sont les deux constituants les plus pérennes et les plus structurants de la forme urbaine, contrairement à l'architecture qui en est son composant le plus mutable et le plus dépendant.

La ville est faite d'architecture mais ce n'est pas l'architecture qui fait la ville. •

*Pierre Micheloni est architecte à l'Atelier Parisien d'Urbanisme et enseigne à l'École d'architecture de Paris-La-Défense.*

*La plupart des maquettes présentées à l'exposition et dans le catalogue ont été réalisées par les étudiants de 2ᵉ année de 1ᵉʳ cycle de l'École d'architecture de Paris-La-Défense dans le cadre d'un certificat annuel intitulé : « L'architecture de la ville » dirigé par Pierre Micheloni avec Clotilde Barto, Gérard Charlet et François L'Henaff, architectes.*

*Les maquettes aux 1/1000 représentent la conclusion d'un travail de groupe sur l'« Analyse d'un tissu urbain » d'une quinzaine d'hectares choisi à l'intérieur de la capitale.*

*Les autres maquettes s'échelonnent du 1/500 au 1/100 et constituent des « arrachés » de la première maquette. Elles représentent la conclusion d'un travail d'« Analyse typologique » sur les espaces privés de la ville. Elles permettent d'apprécier plus précisément les configurations architecturales que l'on peut rencontrer à l'intérieur de certains îlots et de certaines parcelles.*

*Enfin quelques maquettes issues des thèmes de « La parcelle profonde » et des « Tissus architecturalement hétérogènes » proviennent du séminaire-atelier dirigé par Philippe Gresset et Pierre Micheloni et intitulé « Tracés, faisabilité, découpages ». Ce séminaire fait partie du Certificat d'étude approfondie en architecture « Architecture urbaine », dont le responsable est Pierre Pinon. C'est un certificat inter-écoles dont le siège est à l'École d'architecture de Paris-Belleville.*

# Toute une histoire

« Pour nous historiens, une structure est sans doute assemblage, architecture, mais plus encore une réalité que le temps use mal et véhicule longuement. »

**Fernand Braudel**
*Écrits sur l'Histoire*
« La longue durée »
Éditions Arthaud, 1990.

La cour ronde
de l'immeuble de
la « Cité mondaine »,
place des Ternes,
Paris 17e.

« Le voyeur n'est pas toujours celui qu'on pense. »
Théâtre des Abbesses, 31 rue des Abbesses, Paris 18e.
Charles Vandenhove, architecte ; RIVP, maître d'ouvrage ; 1996.

# Les trois cours

Histoires à rebours

### Jean-Claude Garcias

Qu'est-ce donc qu'une cour à Paris ? Typo-morphologues et pompiers, sociologues et pipelettes, juristes et domoticiens ont tous leur idée là-dessus. Mais *quid* des littérateurs, s'enquiert-on auprès d'un critique présumé littéraire ? Incapable de brosser une vaste fresque de Boileau à Perec en passant par Sébastien Mercier et Eugène Sue, le critique s'en tiendra à trois exemples contrastés : la cour des Miracles, la cour de la grande maison de la Goutte-d'Or, la cour de l'hôtel de Guermantes. Soit un bidonville gothique romantiquement reconstitué à trois siècles et demi de distance ; une caserne ouvrière comme photographiée par un ethnologue bourgeois ; et une maison noble où un voyeur traque les amours d'un baron et d'un giletier. Si différentes qu'apparaissent ces cours, on remarquera d'emblée que leur espace intime s'oppose à l'espace anonyme des voies.

Pour qui admet que la ville est un vêtement, ou un tissu, la cour en est très clairement la doublure, ou l'envers. C'est le lieu où se constituent des contre-sociétés précaires : canaille médiévale, prolétariat d'avant la Commune, invertis au temps de l'affaire Dreyfus. Quant à la réalité de ces groupes ou de leurs « cours » elle importe à vrai dire assez peu. Il suffit que le talent, ou le génie, des romanciers en fasse des mythes, que les architectes s'épuiseront ensuite à reproduire concrètement.

Son statut ambigu fait donc tout l'intérêt de la cour parisienne. S'agit-il de la partie non bâtie d'une ou plusieurs parcelles ? D'un passage semi-privatif desservant plusieurs cages d'escaliers ou plusieurs immeubles ? D'un évidement de l'îlot ou d'un embryon de rue ? Le droit, l'usage et la taxinomie hésitent pareillement.

Dans son *Dictionnaire universel du XIXe siècle*, le bon Pierre Larousse soulevait déjà la question : la cour serait « tantôt un espace découvert entouré de murs ou de bâtiments dépendant d'une habitation, tantôt à Paris le nom que l'on donne à des rues bordées de maisons comme les autres, mais dont les entrées sont closes par des bâtiments : cour des Fermes, des Miracles, Batave, de Rohan, du Dragon, du Commerce ». Et Larousse d'ajouter : « plusieurs de ces cours portent le nom de Passages, d'autres s'appellent Cités ». La plus célèbre de ces cours-cités est sans conteste celle des Miracles, récréée de toutes pièces par Victor Hugo dans son poème-mélodrame, *Notre-Dame de Paris*.

Toute une histoire

De haut en bas et de gauche à droite :

« La cour des miracles », dans *Notre-Dame de Paris*, gravure de Gustave Doré.

« La sachette défendant la Esmeralde », dans *Notre-Dame de Paris*, peinture de Louis Boulanger, Musée Victor Hugo.

« Portrait de Victor Hugo » par Louis Boulanger, Maison Victor Hugo.

Paris, côté cours

### « Tout semblait être commun parmi ce peuple... »

Hugo emprunte aux *Antiquités de Paris* de Sauval le canevas de sa description. Il semble que la cour des Miracles ait occupé dès le XIVe siècle une butte de gravois et de « boues » sur l'emplacement de l'actuelle rue Montorgueil : sans doute un dépôt d'ordures sur lequel vivait une communauté marginale de chiffonniers et de filles publiques, comparable aux dépotoirs des grandes villes du tiers-monde aujourd'hui. Ce *red light district* était assez proche du centre pour que les gueux, les gueuses et leurs clients puissent y accéder facilement, assez éloigné pour éviter les risques de contagion, sociale entre autres. Il s'agissait d'un « lieu d'asile » ou d'une contre-société de truands, avec « roi, armoiries et juges », et même un lieu de culte, figuré par une « statue du Père Éternel », évidemment volée. Le texte de Sauval, rédigé au milieu du XVIIe siècle, ne fut publié qu'en 1724, pour devenir immédiatement un *best-seller* de la littérature de « truanderie ». Il décrit un monde à rebours de vidangeurs, écailleurs filous, catins et faux infirmes, une société marginale agglutinée autour des rues « Tireboudin » et « Grattecul ». Ce discours paléo-hygiéniste de sociologue sauvage n'est pas sans rappeler les descriptions journalistiques des « quartiers à problèmes » du XXe siècle finissant : un « dédale » où s'entassent des foules d'étrangers occupés à de mystérieuses opérations, et où la police ne s'aventure guère.

« La Cour des Miracles consiste en une place d'une grandeur très-considérable et en un très grand cul-de-sac, puant, boueux, irrégulier, qui n'est point pavé. Autrefois il confinait aux dernières extrémités de Paris ; à présent il est situé dans l'un des quartiers les plus mal bâtis, les plus sales et les plus reculés de la ville, entre la rue Montorgueil, le couvent des Filles-Dieu et la rue Neuve-de-Saint-Sauveur, comme dans un autre monde. Pour y venir, il se faut souvent égarer dans de petites rues vilaines, puantes, détournées ; pour y entrer il faut descendre une assez longue pente tortueuse, raboteuse, inégale... Quelque grande que soit cette cour, elle l'était autrefois beaucoup davantage. De toute part elle était environnée de logis bas, enfoncés, obscurs, difformes, faits de terre et de boue, et tous pleins de mauvais pauvres ».[1]

De mauvais pauvres bien utiles au demeurant, puisqu'ils assuraient la triple fonction d'éboueurs, prostitués et miraculés. Certains historiens mécréants, dont Larousse, expliquent le grand nombre de miracles au Moyen Âge par l'existence de cette cour ; les prêtres y auraient recruté de faux lépreux et feints épileptiques, dont la guérison subite servait à alimenter la piété populaire. Victor Hugo conserve presque intact le récit de Sauval, rédigé près de deux siècles auparavant. Mais tandis que les gueux de la « cour » de Sauval renvoyaient probablement aux émeutiers de la Fronde ligués aux grands contre le pouvoir royal, les truands ostensiblement médiévaux de Hugo doivent beaucoup à la « populace » révolutionnaire de la fin du XVIIIe siècle et du début du XIXe : lie de la terre venue des barrières, tricoteuses de la place de la Révolution, insurgés des Trois Glorieuses ou incendiaires de l'archevêché. La « cour » hugolienne est un bas-fond infernal peuplé de sous-hommes ou de larves goyesques, dont le romancier laisse entendre qu'ils pratiquent la communauté des biens, des femmes et des épidémies.

1. Henri Sauval, *Recherches et Antiquités de Paris*. Sauval (1623-1676) avait obtenu un privilège pour publier ce livre en 1654. Il en fut empêché par une manipulation de Colbert (?), et l'ouvrage ne parut qu'en 1724. Il connut immédiatement le succès, et fut parodié en anglais par John Gay dans *The Beggar's Opera* ou *Opéra du gueux* de 1728, comédie musicale qui met en parallèle le monde de la pègre et celui des politiciens. Concept repris par *L'Opéra de quat'sous* de Brecht et Weill, et popularisé par des standards de Broadway comme « La fiancée du pirate » ou « Mack the Knife ». Il est remarquable que la descente de police de 1656 sur la Cour des Miracles ait fait l'objet d'un opéra d'Isaac de Bensérade, *La Nuit*, joué devant le jeune Louis XIV en 1656.

Toute une histoire

« À mesure qu'il [Pierre Gringoire] s'enfonçait dans la rue, culs-de-jatte, aveugles, boiteux, pullulaient autour de lui, et des manchots, et des borgnes, et des lépreux avec leurs plaies, qui sortant des maisons, qui des petites rues adjacentes, qui des soupiraux des caves, hurlant, beuglant, glapissant, tous clopin-clopant, se ruant vers la lumière, et vautrés dans la fange comme des limaces après la pluie... Il était en effet dans cette redoutable Cour des Miracles, où jamais honnête homme n'avait pénétré à pareille heure. C'était une vaste place, irrégulière et mal pavée, comme toutes les places de Paris alors. Des feux, autour desquels fourmillaient des groupes étranges, y brillaient çà et là. Tout cela allait, venait, criait. On entendait des rires aigus, des vagissements d'enfants, des cris de femmes. Les mains, les têtes de cette foule, noires sur le fond lumineux, y découpaient mille gestes bizarres. Par moments, sur le sol où tremblait la clarté des feux, mêlée à de grandes ombres indéfinies, on pouvait voir passer un chien qui ressemblait à un homme, un homme qui ressemblait à un chien. Les limites des races et des espèces semblaient s'effacer dans cette cité comme dans un pandémonium. Hommes, femmes, bêtes, âge, sexe, santé, maladie, tout semblait être en commun parmi ce peuple ; tout allait ensemble, mêlé, confondu, superposé, chacun y participait de tout ».[2]

2. Victor Hugo, *Notre-Dame de Paris*, 1831-1832, livre II, chapitre VI.

Ce tableau cauchemardesque d'une « cour » peuplée d'hommes-chiens partageux, s'accompagne de préoccupations urbaines d'assainissement, qui anticipent sur celles de Rambuteau : le Paris de 1482 de Victor Hugo évoque étrangement celui de 1832, et singulièrement les « taudis puants » voués à la démolition.

« Le rayonnement chancelant et pauvre des feux permettait à Gringoire de distinguer, à travers son trouble, tout à l'entour de l'immense place, un hideux encadrement de vieilles maisons dont les façades vermoulues, ratatinées, rabougries, percées chacune d'une ou deux lucarnes éclairées, lui semblaient dans l'ombre d'énormes têtes de vieilles femmes, rangées en cercle, monstrueuses et rechignées, qui regardaient le sabbat en clignant des yeux. C'était comme un nouveau monde, inconnu, inouï, difforme, reptile, fourmillant, fantastique... Enfin, en examinant l'orgie de plus près et avec plus de sang-froid, il tomba du sabbat au cabaret. La Cour des Miracles n'était en effet qu'un cabaret, mais un cabaret de brigands, tout aussi rouge de sang que de vin... un tonneau était près du feu, et un mendiant sur le tonneau. C'était le roi sur son trône. »[3]

3. *Ibidem.*

« Autre monde » pour Sauval, « monde nouveau » pour Victor Hugo, la cour des Miracles est surtout un *mundus inversus* où le désordre des gueux parodie l'ordre des puissants. Et c'est justement cette inversion à la marge, dans la clôture de la cour-cité, qui rend perceptible et supportable l'ordre social. L'interdit ne s'éprouve qu'en le bravant.

### « Le coup de jour blafard d'une grande cour... »

Rien de tout cela dans la cour de Zola, désespérément infecte et naturaliste. À la différence des canailles de Hugo, les prolétaires de Zola n'organisent pas leur cour en un monde à l'envers, ils y croupissent dans la misère et l'alcoolisme. Mais par un renversement saisissant « ils s'y sentent bien », comme engloutis dans les entrailles d'un monstre. Il est vrai qu'il y a moins de distance

De haut en bas et de gauche à droite :
Portrait de Émile Zola, par Édouard Manet, Musée d'Orsay.

« Les Repasseuses », par Edgar Degas, Musée d'Orsay.

La cour du 85 rue Léon Frot, Paris 11e, 1955.

7 rue Sainte-Marthe (disparue). Vue prise de la rue Childebert (disparue) vers le nord. À gauche au fond, le passage Saint-Benoît (disparu. Boulevard Saint-Germain), Paris 6e. Photographie de Marville.

Toute une histoire

exotique au peuple que chez Hugo : petit-bourgeois déclassé, Zola avait expérimenté des cours de faubourgs. Celle de la caserne ouvrière de *L'Assommoir*, rue de la Goutte-d'Or, a été relevée par lui avec une précision maniaque de géomètre. Zola voulait faire un roman sur le peuple « qui ait l'odeur du peuple », débarrassé de la « pommade de l'idéal ». Et comme il attribuait à l'environnement physique un rôle essentiel dans le développement de ses personnages, la « grande maison » et sa cour contribuent à la déchéance de Gervaise, par rétrécissement progressif de l'espace jusqu'à « la niche du père Bru » sous l'escalier et « la caisse des pauvres ». Après les scènes du lavoir et de l'assommoir du père Colombe, le roman se déplace dans la cour de l'immeuble où Coupeau voudrait se mettre en ménage avec Gervaise.

« La maison paraissait d'autant plus colossale qu'elle s'élevait entre deux constructions basses, chétives, collées contre elle ; et, carrée, pareille à un bloc de mortier gâché grossièrement, se pourrissant et s'émiettant sous la pluie, elle profilait sur le ciel clair, au dessus des toits voisins, son énorme cube brut, ses flancs non crépis, couleur de boue, d'une nudité interminable de murs de prison, où des rangées de pierre d'attente semblaient des mâchoires caduques, bâillant dans le vide ».[4]

4. Émile Zola, *L'Assommoir*, 1877.

Cette caserne à loyers pour trois cents personnes n'en fascine pas moins la blanchisseuse, comme irrésistiblement attirée par l'entonnoir du porche.

« Et là, au seuil, elle leva de nouveau les yeux. À l'intérieur les façades avaient six étages, quatre façades régulières enfermant le vaste carré de la cour. C'étaient des murailles grises, mangées d'une lèpre jaune, rayées de bavures par l'égouttement des toits, qui montaient toutes plates du pavé aux ardoises, sans une moulure. Seuls les tuyaux de descente se coudaient aux étages, où les caisses béantes des plombs mettaient la tache de leur fonte rouillée. Les fenêtres sans persiennes montraient des vitres nues, d'un vert glauque d'eau trouble. Certaines, ouvertes, laissaient pendre des matelas à carreaux bleus, qui prenaient l'air ; devant d'autres, sur des cordes tendues, des linges séchaient, toute la lessive d'un ménage, les chemises de l'homme, les camisoles de la femme, les culottes des gamins ; il y en avait une, au troisième, où s'étalait une couche d'enfant, emplâtrée d'ordure. »[5]

5. *Ibidem*.

Un peu comme les travellings télévisés sur les pieds d'immeubles de ZUP aujourd'hui, ce daguerréotype faussement vrai d'un cour ouvrière permet à Zola de montrer ce qu'il croit être l'impudeur, la veulerie et l'avachissement des pauvres. Des victimes, sans doute, mais presque consentantes. Il y a du voyeurisme social dans ce fameux « sens du réel », dans cette étude des mœurs du peuple, y compris « ses vices, ses chutes, ses laideurs physiques et morales ». Ah, si seulement ils entretenaient les parties communes !

« Salie de flaques d'eau teintée, de copeaux, d'escarbilles de charbon, plantée d'herbe sur ses bords, entre ses pavés disjoints, la cour s'éclairait d'une clarté crue, comme coupée en deux par la ligne où le soleil s'arrêtait. Du côté de l'ombre, autour de la fontaine dont le robinet entretenait là une continuelle humidité, trois petites poules piquaient le sol, cherchaient des vers de terre, les pattes crottées. Et Gervaise lentement promenait son regard, l'abaissait du sixième étage au pavé, remontait, surprise de cette énormité, se sentant au milieu d'un organe vivant, au cœur même d'une ville, intéressée par la maison, comme si elle avait eu devant elle une personne géante. »⁶ L'herbe, les poules, quelques fleurs, l'anonymat chaleureux de la caserne : il n'en faut pas plus à Gervaise et Coupeau pour rêver et se résigner à la fois : « on serait bien ici, n'est-ce-pas ? »

6. *Ibidem.*

« La cour seulement était un peu humide. Si Gervaise avait demeuré là, elle aurait voulu un logement au fond, du côté du soleil. Elle avait fait cinq ou six pas, elle respirait cette odeur fade des logis pauvres, une odeur de poussière ancienne, de saleté rance… Et elle choisissait déjà sa fenêtre, une fenêtre dans l'encoignure de gauche, ou il y avait une petite caisse, plantée de haricots d'Espagne, dont les tiges minces commençaient à s'enrouler autour d'un berceau de ficelles. »⁷

7. *Ibidem.*

### L'orchidée et le bourdon…

Quarante ans plus tard et génie en sus, Proust propose une vision toute autre du même monde. Sans doute moins soucieux que Zola de réformer les pauvres, où de démontrer qu'ils sont inamendables, il préfère voir dans les cours ouvrières une collection de tableaux de Vermeer, dans les souches de cheminée un champ de tulipes.

« C'est à ses quartiers pauvres [Venise] que font penser certains quartiers pauvres de Paris, le matin, avec leurs hautes cheminées évasées auxquelles le soleil donne les roses les plus vifs, les rouges les plus clairs ; c'est tout un jardin qui fleurit au-dessus des maisons, et qui fleurit en nuances si variées qu'on dirait, planté sur la ville, le jardin d'un amateur de tulipes de Delft ou de Haarlem. D'ailleurs l'extrême proximité des maisons aux fenêtres opposées sur une même cour y fait de chaque croisée le cadre où une cuisinière rêvasse en regardant à terre, où plus loin une jeune fille se laisse peigner les cheveux par une vieille à figure, à peine distincte dans l'ombre, de sorcière ; ainsi chaque cour fait pour le voisin de la maison, en supprimant le bruit par son intervalle, en laissant voir les gestes silencieux dans un rectangle placé sous verre par la clôture des fenêtres, une exposition de cent tableaux hollandais superposés. »⁸

8. Marcel Proust, *Le Côté de Guermantes*, 1920, « Les souliers rouges de la duchesse ».

Et à qui objecterait que Proust était peu familier des « quartiers pauvres », on opposera sa plus belle cour, celle des Guermantes. On n'attend pas de lui une précision photographique et un architecte serait bien en peine de reproduire la cour de l'hôtel d'Oriane. Reste qu'elle est plus « réelle » que celle de la Goutte-d'Or.

« C'était une de ces vieilles demeures comme il en existe peut-être encore et dans lesquelles la cour d'honneur – soit alluvions apportées par le flot montant de la démocratie, soit legs de temps plus anciens où les divers métiers étaient groupés autour du seigneur – avait souvent sur ses côtés des arrière-boutiques, des ateliers, voire quelque échoppe de cordonnier ou de tailleur, comme celles qu'on voit accotées aux flancs des cathédrales que l'esthétique des ingénieurs n'a pas dégagées, un concierge savetier qui élevait des poules et cultivait des fleurs – et au fond, dans le logis "faisant hôtel", une "comtesse"… ».⁹

9. *Ibidem*, « Maladie de ma grand-mère ».

C'est dans cette cour que le narrateur du *Côté de Guermantes* va avoir une révélation, qu'il ne découvrira au lecteur que dans *Sodome et Gomorrhe*, six cents pages plus tard. Dissimulé derrière un store de la fenêtre de l'escalier, il surveille à la fois « le petit arbuste de la duchesse et la plante précieuse exposés dans la cour » et « les préparatifs de Jupien », en se demandant « si l'insecte impro-

Toute une histoire

bable viendrait, par un hasard providentiel, visiter le pistil offert et délaissé ». Survient Charlus. « Que vis-je ! Face à face dans cette cour où ils ne s'étaient certainement jamais rencontrés (M. de Charlus ne venant à l'hôtel Guermantes que dans l'après-midi, aux heures où Jupien était à son bureau), le baron, ayant soudain largement ouvert ses yeux mi-clos, regardait avec une attention extraordinaire l'ancien giletier sur le seuil de sa boutique, cependant que celui-ci, cloué subitement sur place devant M. de Charlus, enraciné comme une plante, contemplait d'un air émerveillé l'embonpoint du baron vieillissant. »[10]

10. Marcel Proust, *Sodome et Gomorrhe*, 1921, « Première apparition des hommes-femmes, descendants de ceux des habitants de Sodome qui furent épargnés par le feu du ciel ».

Après quelques « préludes rituels » narrés avec un humour génial, Jupien sort par la porte cochère, suivi de Charlus, pour revenir immédiatement, toujours talonné par le baron-bourdon. Ils disparaissent dans la boutique, au grand dam du narrateur. « J'avisai alors la boutique à louer, séparée seulement de celle de Jupien par une cloison extrêmement mince. Je n'avais pour m'y rendre qu'à remonter à notre appartement, aller à la cuisine, descendre l'escalier de service jusqu'aux caves, les suivre intérieurement pendant toute la largeur de la cour, et, arrivé à l'endroit du sous-sol où l'ébéniste, il y a quelques mois encore, serrait ses boiseries, où Jupien comptait mettre son charbon, monter les quelques marches qui accédaient à l'intérieur de la boutique. »[11]

11. *Ibidem*.

Un morphologue pointilleux chipoterait peut-être le narrateur sur cette cour d'hôtel à la fois plantée et posée sur caves. Mais qu'importe, puisque l'indiscret préfère longer les murs de la cour à l'air libre, « en tâchant de ne pas être vu ».

« Il ferait beau voir, pensai-je, que je fusse plus pusillanime, quand le théâtre d'opérations est simplement notre propre cour, et quand, moi qui me suis battu plusieurs fois en duel sans aucune crainte, au moment de l'affaire Dreyfus, le seul fer que j'aie à craindre est celui du regard des voisins, qui ont autre chose à faire qu'à regarder dans la cour. »[12]

12. *Ibidem*.

Après une demie heure passée dans le local adjacent à celui de Jupien, le narrateur constate « qu'il y a une chose aussi bruyante que la souffrance, c'est le plaisir ». Les amants ressortent ensuite dans la cour, où ils poursuivent une longue conversation un peu improbable, encore qu'émaillée de remarques hilarantes : « Je vois que vous avez un cœur d'artichaut », ou « Vous en avez un gros pétard ! ». Suivent vingt pages lumineuses sur les invertis, les juifs, les solitaires, les alpinistes et les sodomistes honteux, dans lesquelles Proust a mis autant de tendresse douloureuse que de gaîté légère. Lorsque la cour ensoleillée de l'hôtel Guermantes reparaît dans le texte, c'est pour rester à jamais le cadre d'un épisode magique dans les vies de Charlus, du narrateur et du lecteur.

« À partir de ce jour, M. de Charlus devait changer l'heure de ses visites à Mme de Villeparisis, non qu'il ne pût voir Jupien ailleurs et plus commodément, mais parce qu'aussi bien qu'ils l'étaient pour moi, le soleil de l'après-midi et les fleurs de l'arbuste étaient sans doute liés à son souvenir. »[13]

13. *Ibidem*.

Ces cours de gueux, de damnés de la terre et de sodomistes, respectivement décrites par un visionnaire laïque, un reporter impartial et un romancier dit mondain, montrent assez que le voyeur n'est pas toujours celui qu'on pense. •

*Jean-Claude Garcias est professeur à Paris VIII et à l'École spéciale d'architecture. Il est membre de l'atelier d'architecture Treuttel-Garcias-Treuttel.*

De haut en bas et de gauche à droite :
Quartier de la Nouvelle-Athènes,
maison rue de la Tour des Dames, Paris 9e.

La cour du 5 rue de l'Université, Paris 7e.

« Marcel Proust », portrait par Jacques-Émile Blanche,
Musée d'orsay.

Cour de l'Hôtel du Châtelet, 127 rue de Grenelle ;
photographie de Atget, 1907.

Toute une histoire

« L'immeuble à cour est réapparu... »
Logements, 47-51 rue des Trois-Frères, Paris 18e.
Charles Vandenhove, architecte ; RIVP, maître d'ouvrage ; 1993.

Paris, côté cours

# L'immeuble à cour

## Lendemains d'éclipse

**Monique Eleb**

Depuis une vingtaine d'années, sans discours grandiloquents, sans prise de position doctrinale l'immeuble à cour est réapparu, en France comme dans d'autres pays européens[1]. Aux raisons purement formelles, s'associe une réflexion sur la sociabilité urbaine. Ces pratiques participent aussi de la volonté de recomposition, de requalification de l'espace urbain à travers des formes canoniques alors même que le terme cour n'est plus employé.

Pour les habitants, son succès supposé semble lié à la valorisation du rapport à l'extérieur, et au potentiel d'appropriation qu'elle autorise.

On constate qu'à Paris notamment, les immeubles à petite cour ouverte sur la rue, ou structurés autour d'une grande cour-jardin, formant souvent un îlot, proches de la conception des Fondations philanthropiques du début du siècle, se sont multipliés.

### Continuité

L'évolution du bâtiment d'habitation en France montre l'importance accordée à la cour à tous les moments de son histoire. La petite maison urbaine du Moyen Âge possède une cour entre deux corps de logis ou entre logis et communs, et son usage domestique est confirmé par la présence du puits. Fondée sur le modèle de la basse-cour des maisons rurales, elle est un espace de service, un lieu d'entrepôt pour les victuailles ou les marchandises et d'abri pour les animaux. Espace minéral, de dimensions assez restreintes, elle permet l'éclairement et la liaison entre les différents corps de logis construits dans la profondeur de la parcelle.

L'hôtel particulier aristocratique parisien, à partir du XVIIe et jusqu'à la fin du XVIIIe siècle est composé de corps de logis entre cour et jardin. La cour d'entrée où sont situés les communs et les écuries a donc aussi une fonction de service. Elle permet l'éclairement des pièces secondaires et des chambres réservées aux domestiques. Sa configuration permet d'éloigner le corps de logis principal de la rue bruyante. Ce type d'organisation a une forte signification sociale : il marque la différence de statut et de fortune des aristocrates par rapport aux bourgeois résidant dans des bâtiments construits directement sur la rue.

À Paris les immeubles bourgeois d'avant Haussmann (avant 1855) s'alignent sur la rue et leurs portails monumentaux se déploient sur deux niveaux,

1. Cet article se réfère notamment à une étude faite en collaboration avec Cristiana Mazzoni « Fenêtres sur cour : le retour » pour une publication au Japon sur *L'immeuble à cour en Europe*, (GAEA et Université de Chiba) et dont la contribution a été précieuse pour ce texte. Voir aussi sur les bâtiments contemporains notre ouvrage avec Anne-Marie Châtelet, *Urbanité, sociabilité, intimité, des logements d'aujourd'hui*, à paraître aux Éditions de L'Épure.

permettant, à travers un grand passage, l'accès à la cour. L'immeuble à petite cour et courettes éclairant les pièces secondaires et de service se diffuse au cours de la période haussmannienne. Une hiérarchie s'installe entre immeuble sur rue et immeuble sur cour à la façade et aux appartements plus modestes. La cour cesse peu à peu d'être un espace de qualité, elle n'est souvent que le «reste» entre les bâtiments, elle sert à aérer des pièces secondaires ou les pièces principales de bâtiments moins prestigieux que ceux situés sur la rue. On la traverse pour atteindre les escaliers des immeubles de fond de cour.

Les architectes d'avant-garde du tournant du siècle lui redonneront un statut valorisant en l'agrandissant et en l'éclairant par un revêtement de céramique blanche.

Les critiques des hygiénistes liées aux dimensions réduites des cours (l'infect « puits de lumière » des romans de Zola) vont être prises en compte dans l'élaboration du règlement urbain de 1902 qui définit les nouvelles dimensions minimales des cours [2] en relation avec la qualité des espaces domestiques. Certains surenchérissent sur ces bases et augmentent considérablement la surface de ces cours souvent traitées en jardin, ce qui permet d'y ouvrir désormais les pièces de séjour que ce soit dans le logement populaire ou de luxe.

Dans la réflexion des philanthropes, au début du XX$^e$ siècle, l'habitat ouvrier à grande cour et coursives du siècle précédent apparaît comme un contre-modèle qui a d'ailleurs déplu à ses destinataires. Aussi proposent-ils un type d'immeuble qui aura de l'avenir : l'immeuble à très grande cour mais aux escaliers multipliés qui permettent de définir de petites unités de voisinage et évitent la promiscuité [3]. Dans ces grandes opérations les « salles communes », qui sont à la fois la cuisine et le salon des ouvriers, peuvent être ouvertes sur la cour-jardin, espace privilégié du jeu et de l'aération des enfants.

Jusqu'à la fin des années trente, les immeubles bénéficieront d'une cour, d'un square ou de redans, avant d'être supplantés, surtout dans l'après-guerre, par de nouveaux types d'immeubles d'habitations promus par le Mouvement Moderne, les « tours » et les « barres », construites sur leur « espace libre », très vite rempli par des parkings. Il faut noter cependant que le refus de la cour qui n'a d'égal que celui de la rue, n'empêche pas de voir les limites de Paris se constituer d'immeubles à grandes cours, jardins et squares, qui forment la « ceinture rouge », de même que sa banlieue immédiate. De plus, de nombreux immeubles de luxe parisiens à cours ouvertes, à redans et à grandes cours, rythment les beaux-quartiers [4]. Coexistent donc deux positions dans l'entre-deux-guerres, l'une doctrinaire, très affirmée, prônant la rupture avec l'immeuble à cour, l'autre pragmatique et silencieuse, son amélioration.

### Effacement et retour

La disparition de la cour est devenue dans les années vingt un slogan et a servi d'image repoussoir, synecdoque de l'habitat insalubre pour les Hygiénistes et les Modernes. Le mot même de cour est devenu un tabou et aujourd'hui encore les mauvais synonymes trouvés pour le remplacer (cœur d'îlot, passage, faille, jardinet, etc.) montrent bien que l'anathème a été très fort.

---

2. 30 m² minimum pour les cours aérant des pièces habitables, 15 m² minimum pour les cours éclairant les cuisines. Règlement du 13 août 1902 relatif à la hauteur et aux saillies des bâtiments de la ville de Paris.

3. Voir notre ouvrage : *L'apprentissage du « chez-soi ». Le Groupe des Maisons Ouvrières, Paris 1908*, Marseille, Parenthèses, 1994.

4. Cf. sur ce sujet la thèse en cours de Cristiana Mazzoni (Laboratoire ACS), *L'immeuble à cour dans la ville moderne. Paris dans l'entre-deux-guerres.*

Façade sur cour de l'immeuble de logements, 72 rue de la Colonie, Paris 13e. G. Vaudoyer, architecte ; Fondation Singer-Polignac, maître d'ouvrage ; 1911. In : *Grandes constructions à loyers économiques*, G. Lefol, Paris, Ch. Massin, s. d.

La cour de l'immeuble, 13-15-17 rue Raynouard, Paris 16e. M. Julien et L. Duhayon, architectes ; 1931.

De haut en bas :
La cour de l'immeuble de logements,
8-10 rue Duchefdelaville, Paris 13e.
Olivier Girard et Laurent Israël, architectes ;
SGIM, maître d'ouvrage ;
SEMAPA, aménageur ; ZAC Chevaleret-Jeanne d'Arc ;
1993.

Cour de l'immeuble de logements « Les Fougères »,
rue de la Montagne-de-l'Espérou, Paris 15e.
Roland Simounet, architecte ;
SEFRI-CIME, maître d'ouvrage ; ZAC Citroën-Cévennes ;
1990.

Les débats menés au sein du Mouvement Moderne au cours des années vingt et trente, dans la droite ligne des réflexions hygiénistes du XIXe siècle, conduisent à une révision plus radicale des types de bâtiments d'habitation, en fonction des « besoins » de l'homme définis comme normes indiscutables pour toute conception moderne de l'habitat social. Les principes-guides de l'urbanisme moderne sont aussi définis et la libération de grands espaces verts entre les bâtiments utilisables par l'ensemble des habitants comme lieux de jeu, de rencontre, de loisir ainsi que l'orientation des bâtiments et des appartements en fonction de l'axe héliothermique « scientifiquement établi » cadrera cette conception modernisatrice exprimée dans les principes de la Charte d'Athènes[5] et reprise et adaptée dans le deuxième après-guerre aux nécessités de l'industrialisation de la construction. Les vastes surfaces sans traitement végétal de qualité et sans équipement, souvent transformées en zones de stationnement des voitures, s'opposent, sans éléments de transition, à l'espace privé des logements.

[5]. Établie en 1933 lors du IVe Congrès International d'Architecture Moderne, cf. Le Corbusier, *La Charte d'Athènes, Travaux du IVe CIAM*, Paris, Plon, 1943, et Éditions de Minuit, 1957.

Le primat de l'orientation solaire cher aux Hygiénistes semble avoir, pour un temps, eu raison de la cour, alors même que cette question se pose très différemment selon les dimensions de cette dernière.

Dans le texte du règlement du Plan d'Urbanisme Directeur de Paris de 1959, l'idée de la grande cour semi-privée, qui avait caractérisé l'habitat collectif urbain jusqu'à la fin des années trente disparaît. L'éloignement des bâtiments de la voie publique et leur isolement à l'intérieur de leur propre terrain suivant la notion d'urbanisme rationnel et fonctionnel conduira donc à concevoir des bâtiments entourés d'un « espace libre » qui n'a plus rien à voir avec une cour.

Mais dès les années soixante-dix, l'immeuble à cours réapparaît dans toute l'Europe[6], sans faire l'objet de débats spécifiques, fondu dans le vaste mouvement de retour à l'architecture urbaine. D'abord construit en ville il reconquiert les zones suburbaines où certaines de ces cours s'agrandissent pour devenir jardin renouant alors avec la réflexion sur les cités-jardins composées de petits immeubles ou de collectifs intermédiaires.

[6]. Cf. notamment l'exemple des opérations de l'IBA de Berlin ou de la ville de Barcelone.

Il semble que l'intérêt pour le retour de cet espace, aux usages et aux statuts très différents, dépende, d'une part, de la volonté des urbanistes et des architectes de redonner une qualité à l'espace de la ville et des bâtiments, et, d'autre part, d'une réflexion d'ordre social sur les modes de vie et les relations de voisinage au sein de leur habitat. Les règlements en vigueur, les dimensions des parcelles et le fait de se confronter à un tissu ancien jouent également un rôle important, bien que secondaire par rapport à la volonté des concepteurs de donner un statut de cour aux espaces vides créés entre les bâtiments.

La cour est un espace architecturalement et socialement défini, étudié dans son parcours, ses dimensions, son profil ; c'est la cour qui donne son identité à l'immeuble et le hiérarchise, c'est encore elle qui détermine la qualité de l'espace de la ville ainsi que celui de l'habitation. Dès lors on verra ce type réapparaître en même temps que les discours sur la sociabilité de voisinage qu'il engendre et sur sa qualité de médiation entre la sphère publique et la sphère privée.

Toute une histoire

### La cour aujourd'hui : un vide structurant

À différents moments de l'histoire de l'immeuble, la cour a été un élément de structuration à la fois des appartements, de l'immeuble et de l'espace urbain, elle est alors décisive dans l'organisation du plan-masse. Ce choix conditionne en effet les orientations des pièces, les types et la qualité des accès et des circulations et la hiérarchie des espaces que cette cour induit. Cependant on peut se demander si, au moment de la composition, le dessin de la cour est un élément premier du projet et structure donc le bâti, ou si c'est l'inverse qui se passe.

Dans la plupart des opérations contemporaines la cour apparaît comme un élément à l'origine du mode de composition. Elle occupe souvent une position centrale par rapport à l'ensemble des corps des bâtiments participant de la même opération et est conçue comme un espace unitaire plus ou moins clos. Sa capacité à constituer un centre virtuel de composition est confirmée par le traitement soigné des façades qui l'entourent – recherche d'une symétrie, présence de loggias ou cages d'escalier éclairées traitées comme éléments de ponctuation dans la continuité d'éléments répétés, étude des vues, des points de fuite, etc. – et par un recours à des matériaux de revêtement précieux.

Cependant, plutôt que d'*immeuble à cour* en tant que type architectural, il semble plus approprié de parler d'*immeubles structurés autour d'une cour*. Cela renvoie à la tendance actuelle à fragmenter l'ensemble de l'opération en plusieurs corps de bâtiments autonomes, que les parcelles soient petites ou grandes, le traitement des façades étant souvent différencié tout comme les hauteurs.

Dans les parcelles de grande taille cette tendance à la fragmentation révèle deux modes de travail sur l'immeuble : l'un tend à dissocier des corps de bâtiments, traités de façon distinctive mais définis comme participant d'une même opération sur un même terrain ; l'autre consiste à composer les bâtiments autour d'une cour en cœur d'îlot regroupant plusieurs immeubles conçus d'une façon unitaire. Dans ce cas la hiérarchie traditionnelle entre corps de logis donnée par leur position est sans objet mais chaque immeuble est qualifié par son mode de circulation, ses ouvertures, etc., ce qui peut être compris comme une métaphore de l'unité dans la diversité.

### Deux types

Deux grands types de cour et de traitement architectural semblent se dégager aujourd'hui, liés à différentes échelles d'opération. La petite cour ouverte sur rue, de petite surface (entre 200 et 500 m²), est surtout minérale et conçue aussi comme espace de passage. Son existence est due principalement à la nécessité d'éclairer et d'aérer le plus grand nombre de pièces dans des corps de logis construits en profondeur de parcelle. Loin d'être considérée comme un reste, elle définit au contraire un espace de qualité dans des opérations mitoyennes, situées dans des quartiers en restructuration où des parcelles profondes ont été regroupées. Espace pratiqué par les habitants, elle est en même temps à l'origine du mode de distribution des immeubles : bien que l'on trouve le plus souvent une cage d'escalier au moins sur la rue, de nombreux habitants doivent traverser la cour pour atteindre leur propre entrée.

L'idée de découverte des profondeurs de la ville est mise en valeur dans de nombreuses opérations. Les architectes semblent, chacun à leur manière, avoir tenté de procurer aux habitants le plaisir de la déambulation et de la découverte. Ces architectes dessinent des passerelles à ciel ouvert, des coursives, des loges, la cour bénéficiant de la vue sur ces dispositifs qui donnent le plaisir du jeu dans un espace calme qui s'apparente à une place intériorisée.

Qu'ils l'avouent ou non les références à la constitution de l'immeuble dans la ville ancienne est patente. Les impasses ou « villas parisiennes » du début du siècle avec mélange de logements collectifs ou individuels, d'ateliers d'artisanat à rez-de-chaussée, organisés autour d'une cour pavée, semblent avoir inspiré d'autres architectes. Le traitement monumental des espaces de transition comme les porches et les passages montre lui aussi l'emprunt à des types canoniques, rénovés, car ils ont fait leur preuve.

Située au cœur de plusieurs parcelles rassemblées formant souvent un îlot, la grande cour se présente comme un espace unitaire de grande dimension (entre 1 500 et 2 000 m²). Entourée de bâtiments participant d'une même opération visant à la rénovation de sites dégradés dans le tissu ancien de la ville, la cour est pensée comme un square ou un vaste jardin. Espace public et semi-public à la fois, elle accueille les habitants de l'îlot et quelquefois les passants quand elle est traversante, traitée comme un élément charnière entre deux rues ou une rue et l'intérieur de l'îlot. Elle est souvent structurée en différentes parties autonomes à travers une composition au sol très hiérarchisée marquant une différenciation entre parcours minéraux et espaces verts. Roland Simounet parlait joliment, à propos de la succession des cours et des différentes ambiances créées dans l'opération Basilique de Saint-Denis, du jeu entre labyrinthe et repérage.

### Sociabilité

L'immeuble à cour possède des potentiels de sociabilité pour peu qu'il soit équipé dans ce but. La cour peut être volontairement traitée dans certains cas comme un lieu de cheminement agréable par son caractère de transition entre la rue et le logement, comme un lieu ludique, de jeu ou de promenade ou comme un espace à voir, espace de représentation où toute activité est interdite mais où le micro-climat créé par les différences de textures végétales ou minérales participent au plaisir de la vue. Ces différents statuts nécessitent des traitements différenciés et leur bonne utilisation implique que la communauté soit parvenue à un consensus sur les façons de se comporter dans cet espace, consensus plus facile à atteindre quand la population est homogène, non pas en terme de statut socio-économique mais en terme de valeurs, de conception éducative, quand elle est consciente que se donner certaines règles permet de maintenir de bons rapports de voisinage.

Conçue par certains architectes comme lieu de la sociabilité urbaine, la cour permet la création, autour de l'habitat, d'espaces privilégiés véritablement intermédiaires où l'on n'est plus dans la tolérance du groupe domestique mais pas encore dans l'anonymat de la ville, les différents seuils avant la porte du logement protégeant mieux l'intimité. C'est de nouveau, après les discours des années cinquante, la valorisation de l'idée d'unité de voisinage qui sous-tend le choix de réintroduire la cour.

### Modèles

Il semble que l'on voit aujourd'hui apparaître une position que l'on peut qualifier de médiane car elle tente d'emprunter à plusieurs théories les meilleurs dispositifs, à les articuler et à les actualiser. Ainsi les deux modèles qui ont le plus structuré la ville française (et quelquefois européenne), le modèle historique de type haussmannien et post-haussmannien d'une part, et le modèle fonctionnaliste d'autre part, sont convoqués et réinterprétés sur la base des règlements et des principes de composition actuels. La critique de la rue a fait long feu, l'alignement redevient une règle et l'idée de la hiérarchie des espaces urbains, chère au modèle historique s'impose, avec ses places et ses rues. Le modèle fonctionnaliste est toujours critiqué en ce qui concerne l'idée d'uniformité spatiale, fonctionnelle et sociale dans laquelle les lieux d'urbanité sont traités comme des espaces libres mais deviennent en réalité vides de pratiques. Mais d'autres principes de ce modèle sont suivis avec succès, comme la logique de l'orientation et les impératifs hygiéniques, la présence d'espace vert libérant le cœur de l'îlot, l'absence de hiérarchie entre les différents bâtiments composant l'opération.

Le recours à l'îlot, à la rue et à la cour comme structure constitutive de la ville, l'attention au dessin morphologique des tissus anciens, ne signifie pas toujours le retour à un formalisme urbain vidé de son sens et réduit à un simple décor. Dans cette redécouverte de la ville, la cour comme espace de transition entre intimité et urbanité joue un rôle de chaînon essentiel. L'immeuble bénéficiant d'une cour, traitée avec soin, facilite donc la réalisation d'un modèle urbain composé d'une complexité d'espaces permettant à l'habitant de passer du logement à l'espace de familiarisation et à la ville. •

*Monique Eleb est professeur et chercheur à l'École d'architecture Paris-Villemin.*

De haut en bas et de gauche à droite :
Cour de l'immeuble de logements,
184-196 rue de Javel, 149-163 rue de la Croix-Nivert,
Paris 15e.
Fabrice Dusapin et François Leclercq, architectes ;
OPAC de Paris, maître d'ouvrage ; 1997.

Cour de l'immeuble de logements,
29-33 rue de la Réunion, Paris 20e,
David Ventre, architecte ; OPAC de Paris, maître
d'ouvrage ; SAEMAR Saint-Blaise, aménageur, 1997.

Cour de l'immeuble de logements,
23 rue Bisson, Paris 20e.
Jacques Ripault, architecte ; RIVP, maître d'ouvrage ;
1988.

Toute une histoire

**89**

« J'y suis retourné l'autre jour... »
Le souvenir de Marc Sangnier (1873-1950),
fondateur du « Sillon »,
dans la cour du 38 boulevard Raspail, Paris 7ᵉ.

# 38 boulevard Raspail

Souvenir d'en France : l'agence Gomis

### Henri Ciriani

Le hasard a voulu que je puisse être initié en même temps au travail en France et à la culture du cœur d'îlot parisien. Ces lieux cachés où la lecture rapide telle celle d'un touriste, par exemple, n'offre rien d'autre que des images pittoresques et un sentimentalisme de mauvais aloi. Ces lieux où cohabitent des pleins, des lieux où la ville se représente pleine, c'est-à-dire plus comme un recul de représentation. J'ai dû pénétrer donc, assez tôt, les arcanes de la ville pleine, la ville savamment saturée par l'usage et la sédimentation historique. Cette sédimentation urbaine trouve dans l'usage la clef de sa constitution, où l'addition des pratiques quotidiennes se reflète en améliorant la qualité des articulations formelles.

De cet univers nous n'avons pas la moindre information côté boulevard, là où le dessin de l'espace public règle, ordonne, une logique dont la majesté linéaire n'a pas d'équivalent dans l'art urbain occidental. Cet art urbain capable de véhiculer l'idée de la ville comme civilisation, comme armature organisée capable d'installer une harmonie durable, suffisante.

Je découvrais donc que l'espace résiduel d'un boulevard n'en est pas moins un monde, monde très contrasté car diversifié et en apparence chaotique, monde dont les rites sont aussi civilisés mais qui, au lieu de se soumettre à un ordre supérieur – celui de l'art urbain – autorise des autonomies, laisse s'émanciper certains de ses segments ; car l'élément fédérateur, ce n'est pas l'espace en tant que forme prédéterminée et régulière, mais l'espace obligé laissé par chacun des volumes pour pouvoir exister en tant que tel. Nous sommes donc devant une respiration nécessaire, minimum et maximum, tout en étant devant un espace qui, quelle que soit sa longueur, est toujours vertical.

J'expérimentais, peut-être pour la première fois, l'agréable sensation que procure le résidentiel dense, minéral, cette intériorité verticale de l'îlot. J'appréciais des volumétries et leur capacité à vous entourer, à vous mettre dedans, dans un espace où les parois vibrent – tellement elles sont loin d'être sereines –, des parois aux textures, couleurs et odeurs différentes. Ces espaces étaient occupés, ancrés, dominés, embellis, habités par deux somptueux arbres au tronc noir, sveltes, aux feuilles et formes différentes car l'un était droit, comme sérieux, et recouvert dès le printemps d'épaisses feuilles et l'autre, plutôt tordu, jouissait de fines feuilles telles des arêtes de poisson.

J'étais dans une urbanité verticale intérieure. Je pouvais enfin comprendre l'attrait que l'absence d'espace clair, simple, identifiable géométriquement, exerçait sur les gens, des gens souvent sensibles mais méfiants des grands effets urbains, des gens fort capables de s'approprier un espace non pas parce que visuellement il se donne à lire mais, bien au contraire, parce que cette absence de définition géométrique les rassure : c'est-à-dire que l'on va se concentrer sur d'autres choses, des choses moins assujetties à des règles esthétiques, à des connaissances acquises.

Je voyais, de cet ensemble, que toutes les variations constructives se percutaient les unes les autres, partiellement, de telle manière et dans de telles conditions qu'elles n'arrivaient pas à créer une cacophonie stridente mais relevaient plutôt, dans leur assemblage, de la beauté propre au collage pictural. Que pour réussir le petit miracle maintes fois répété (réussi) dans des cours parisiennes haussmanniennes, il fallait que les constructions soient gentilles entre elles, qu'elles s'aiment bien.

Essayons de décrire cette belle accumulation. Mais avant, essayons de comprendre : je crois qu'il y a des formes inachevées, qui ont une partialité support d'articulation, qui peuvent et savent partager sans perdre présence car leur incomplétude n'est qu'apparente. Des formes architecturales qui se complètent tout en s'articulant à un espace, lui-même incapable de les accueillir totalement et qui est donc forcé de « leur demander de l'aide dans sa mission qui est celle d'être un dedans identifiable ». L'ensemble va contribuer à un résultat qui n'est ni l'addition des parties ni une logique d'ensemble. Au moins nous ne le lisons pas ainsi. Nous pratiquons un entre-deux visuel constant.

J'y suis retourné l'autre jour. C'était un samedi ensoleillé, du pur raffinement climatique parisien. Le quartier était à l'ébullition commerciale et à la promenade. Sous le soleil les couples éclataient de bonheur. On avait l'impression de « voir » l'amour. Je pouvais revenir sur moi, exercice difficile pour un architecte car nous nous projetons en avant, peu en arrière. Bref, je me suis dirigé au 38 boulevard Raspail. Après m'être presque trompé de porte, je suis tombé sur le grand portail vert-wagon, solide et familier, qui comporte, signe des temps, un code. Petite attente. À l'arrivée d'une dame je me faufile doucement derrière elle. Dès le franchissement du seuil j'ai presque regretté d'être venu. Dieu, que le souvenir dépasse toujours le réel. Que c'est bon de n'avoir que celui-là et d'oublier celui-ci.

La séquence d'entrée m'apparut très conventionnelle, sans surprise, peu contrastée. Nous rentrons dans un porche pas très haut, bordé sur la droite par une triste paroi sans histoire. J'ai compris que dans mon souvenir ce qui marchait, c'était le simultané, que le vécu est multiple et que la visite n'est qu'univoque. C'est important de constater que ce sont quelques images qui dominent dans mon souvenir : d'abord l'entrée, véritable seuil urbain, très forte délimitation spatiale venant d'un boulevard ample, particulier. Car le boulevard Raspail aligne ses arbres au milieu, écarte des voies de véhicules de part et d'autre et laisse les immeubles dominer les trottoirs. Ces trottoirs, pas très larges, vont être totalement dépendants de la qualité des façades des immeubles. Le portail du 38 domine donc complètement son trottoir, arrive à le soustraire de la direction du boulevard. Nous quittons un flux directionnel majeur pour pénétrer sans transition majeure –telle une transparence – dans un lieu clos, dans mon

Dessins de Henri Ciriani.

Toute une histoire

Paris, côté cours

souvenir ce lieu jouant le rôle de révélateur d'une belle profondeur scandée et dominée par de très beaux arbres. La réalité fut plus aride, même si la variété et l'étonnante formalisation étaient bien là, faisant fi de l'harmonie, sûres qu'elles étaient des vertus de leur amitié.

L'autre souvenir fort était la vue que l'on avait de la cour depuis l'agence, l'éternelle plongée. Les étages de l'agence – elle-même une belle verticalité – étaient bordés par des terrassons en porte-à-faux, qui rendaient la vue plus distante. L'espace que l'on voyait était étroit et long, perçu d'une manière frontale et en surplomb, ce qui faisait de la mosaïque des façades diverses, de leurs petits décalages, une vibration particulière où dominaient les couleurs blanc ivoire et vert olive et la lumière des feuillages, toujours plus clairs. Or, ce que nous voyons, ce ne sont que des façades donnant sur une voie intérieure carrossable. Certaines de ces façades refusant d'être des façades arrière car perpendiculaires à la voie et s'ornant des attributs de la modénature architecturale. D'autres, comme l'ancienne agence Gomis, se présentent comme un fait uniquement constructif. D'autres encore, les plus profondes, hésitent entre le pavillon et un segment de faubourg.

L'importance du marquage au sol de la voie pavée carrossable, qui dessert des garages au fond, avec des trottoirs lisses et étroits, joue à la ville. Mais c'est fait pour réunir, car le trottoir, trop étroit, n'est emprunté que perpendiculairement, pour accéder aux immeubles.

Cette « rue », à la tombée du jour, se voyait habitée une fois par semaine (dans mon souvenir) par la déambulation cadencée des lentes et sonores figures muettes, ou au contraire très affairées, aux pas précipités, tous allant vers le fond de la cour. Il me fallut peu de temps pour déceler dans ces personnages aux allures théâtrales mais silencieuses des acteurs du monde de l'architecture se pressant pour atteindre[1] le Cercle d'études architecturales qui siégeait dans la plus moderne des structures de la cour : tout au bout du sinueux parcours s'élevait une bâtisse à spatialité d'atelier d'artiste et, sur trois travées, cette vue depuis l'atelier Gomis était magique car la nuit la lumière de l'intérieur irradiait toute la cour et ajoutait au mystère et panache de ces réunions. Ce souvenir, et la part de rêve qu'il m'apporte, fera que pour moi, le grand animateur du CÉA, Ionel Schein, sera toujours un personnage d'anthologie, un personnage historique, une figure de légende.

C'est ici, aussi, qu'émerge en moi la conviction que construire à l'horizontale est diablement plus facile que monter à la verticale. En même temps que j'apprenais à apprécier les rapports des volumes à l'étroit, sans recul, ou peu, sans prospect[2].

Je fus aussi initié dans cette cour aux intériorités, aux fractionnements, additions, interstices et petits contrastes, cette variété sensorielle où le détail domine ; à l'importance de la sinuosité, de la forme libre tondue et molle d'un arbre, ou d'un tronc d'arbre, pour contraster, pour rehausser, rendre plus que visible l'orthogonalité architecturale dans un mariage spatial vertical dont le patio de la maison de la Plata de Corbu en est le chef d'œuvre. •

*Henri Ciriani est architecte et professeur d'architecture à Paris.*

---

1. Pour y changer le monde, peut-être...

2. Pour l'amateur de l'étendue spatiale moderne que j'étais, dont le Brésil représentait l'idéal spatial de l'accord parfait entre architecture et paysage, ce fut une découverte de taille.

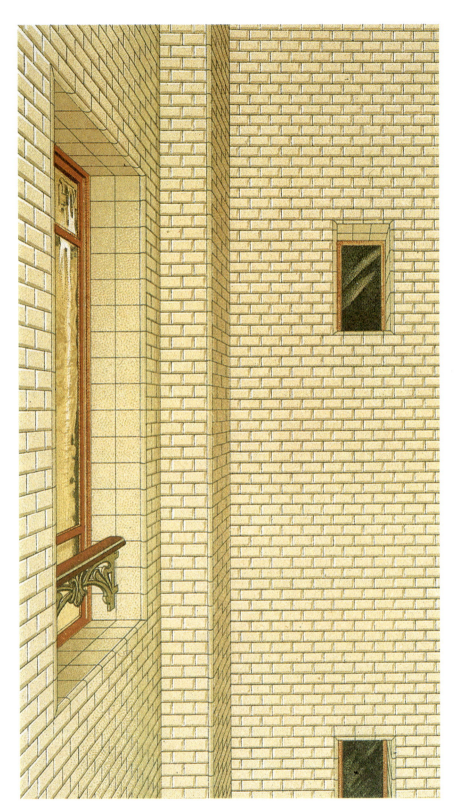

« Une expérimentation basée sur des matériaux... »
« Façade sur cour », *La céramique architecturale : revêtements, décoration*, Faïenceries de Sarreguemines, Digoin et Vitry Le François, Paris, 1905.

Paris, côté cours

# Fenêtres sur cours

Éric Lapierre

*« L'intérieur est à l'extérieur de l'intérieur. »*
Valère Novarina

Surface de contact entre l'intérieur et l'extérieur du bâtiment, la façade résout les contradictions nées des exigences spécifiques inhérentes à chacun de ces milieux. Son dessin et son mode de construction s'adaptent donc aux diverses situations urbaines auxquelles la façade se trouve confrontée. Elle est donc définie par un environnement qu'elle contribue, en retour, à qualifier et orienter, en définissant à son tour un avant et un arrière, ou en manifestant que certaines parties d'un bâtiment sont faites pour être vues de tous quand d'autres ne sont destinées qu'aux regards de ses occupants, parfois même, dans le cas des cours de service, seulement de certains d'entre eux.

Les façades ont donc des caractères différenciés en fonction de leur situation. Si, sur rue, elles manifestent le caractère collectif et la dimension monumentale de la ville, sur cour elles expriment, par des stratégies de dessin et de mise en œuvre bien différentes, le caractère privé, retiré et caché d'un arrière de ville constituant une véritable ville dans la ville. Cette dichotomie s'appuie sur une dialectique du vu et du non vu, du régulier et du composite, qui définit le modèle de la ville traditionnelle. Nous tenterons ici de comprendre de quelle manière le dessin des façades avant et arrière en est affecté et d'interroger la validité d'une telle opposition au sein de la ville contemporaine.

## L'architecture sans prescription des cours

L'évolution des règlements urbains parisiens en matière de façades, du XVIe siècle à la seconde moitié du XIXe siècle, vise une délimitation de plus en plus précise du domaine public[1]. Ces textes sont tous basés sur des prescriptions concernant l'alignement, la hauteur des bâtiments et la dimension des saillies sur la voie publique. Ils concernent donc tous la rue, l'espace public et, à ce titre, ne prennent pas en compte l'espace privé de la cour et des intérieurs d'îlots en général.

Les pouvoirs publics ne s'immiscent pas dans le domaine privé. Mise à l'abri des prescriptions s'appliquant à la façade sur rue en raison de son invisibilité depuis l'espace public, la façade sur cour ne fait alors l'objet d'aucune

[1]. Sur cette question voir Éric Lapierre, « L'immeuble, la rue, la façade », *in* Jacques Lucan (dir.), *Paris des faubourgs, formation, transformation*, Paris, Éditions du Pavillon de l'Arsenal et Picard Éditeur, 1996.

Toute une histoire

2. Dès 1845, César Daly réclame l'ouverture de l'îlot en fonction de critères d'ensoleillement (« Des Habitations ouvrières », *La Revue de l'architecture et des travaux publics*, vol. VI ; col. 449, 503 et 540 [suite]). La même année et dans les mêmes colonnes E. de la Quérière définit le dimensionnement de la cour par rapport au bâtiment comme la première des sept conditions hygiéniques (« Salubrité publique – Observation sur le règlement de la mairie de Rouen fixant la hauteur des maisons d'après la largeur des rues », in *RGA*, vol. VI, col. 25, 1845). Ces idées seront reprises avec un succès croissant tout au long du siècle pour justifier le rejet de la cour.

3. Dans son *Traité pratique de la voirie à Paris*, de Royou note d'ailleurs : « *En résumant ces observations* [basées sur des jugements en jurisprudence], *nous croyons pouvoir établir cette règle : que les contraventions qui ont pour résultat de constituer une usurpation du sol de la voie publique par l'exécution de saillies non autorisées ou dépassant les dimensions réglementaires, ne sauraient se prescrire, et que le Préfet peut toujours prendre un Arrêté pour requérir la suppression des dites saillies ; que la prescription, au contraire, peut être invoquée, après les délais légalement fixés, pour les contraventions au règlement de petite voirie et aux règlements de police, tels que ceux relatifs à la "hauteur des maisons dans les cours" et à la "permission de bâtir à l'intérieur".* » (seconde édition, Paris, Ducher et Cⁱᵉ, 1884, p. 197).

4. *Ibidem.*, p. 53.

contrainte réglementaire. En quelque sorte dénuée de toute existence officielle, elle reste dissimulée dans la profondeur du tissu urbain.

Mais, au cours du XIXᵉ siècle, les théories hygiénistes, à la fois suscitées et portées par les problèmes d'insalubrité des logements des classes les plus pauvres, prennent une importance croissante dans la réflexion architecturale et urbaine ; l'attention se porte alors sur la constitution du tissu en retrait de l'espace public, au-delà du masque des façades officiellement réglementées de la rue. La spéculation immobilière, en provoquant la diminution constante de la taille des cours, suscite de la part de nombreux auteurs une réflexion sur la possible réglementation de leurs dimensions.² La tendance « naturelle » de la ville étant de serrer et de se densifier au maximum le but poursuivi est de contrarier ce mouvement pour augmenter le bien-être des habitants et, surtout, préserver leur santé en leur permettant l'accès à un minimum d'air et de lumière. Le début de l'intérêt qu'on porte à la cour marque ainsi le début de l'inexorable déclin qui conduira à sa disparition progressive en l'espace de quelques décennies.

Mais les prescriptions réglementaires concernant les cours sont, beaucoup plus souvent que celles concernant les rues et l'espace public, assorties d'articles dérogatoires.³ Par ailleurs, dans les cours, « *les saillies du mur de face ne sont plus soumises à réglementation.* » ⁴

### Les cours d'immeubles monumentales

La cour ne fait donc l'objet d'aucune prescription en matière d'apparence architecturale dans les règlements urbains qui la réduisent au statut de simple organe fonctionnel du bâtiment. Elle n'est décrite qu'en plan et en coupe. Et sa coupe se réduit, en fait, à une section sans profondeur permettant de contrôler sa proportion au regard des critères de salubrité en vigueur ; son plan permettant, quant à lui, de contrôler sa surface par rapport à ces mêmes critères. La cour n'est donc jamais regardée en élévation, son aspect est laissé au bon vouloir de chaque constructeur ou à la convention. Mais la façon dont est conçue et dessinée cette élévation subit d'importantes modifications entre le XVIIIᵉ siècle et la fin du XIXᵉ siècle ; modifications qui répondent au changement de statut de la cour résultant de l'évolution de l'immeuble parisien durant la période. On assiste au passage d'un type d'immeuble dans lequel la cour est centrale et monumentale à un type dans lequel la cour devient un élément simplement servant et, généralement, périphérique à la composition. Les façades sur cour vont, évidemment, s'en trouver fortement modifiées.

Au XVIIIᵉ siècle la maison à loyers est édifiée sur une parcelle assez vaste, généralement disposée perpendiculairement à la rue. De telles emprises autorisent la construction d'un immeuble à cour centrale monumentale dérivé du modèle de l'hôtel classique sur rue. La cour, constituée sur toute sa périphérie d'un corps de bâtiment simple en profondeur accueillant une série de pièces en enfilade, est dotée de façades à l'ordonnance régulière. Ces façades sont autant les façades extérieures de l'immeubles que celles de la cour elle-même. Prééminentes à la composition d'ensemble qui s'appuie sur elles, de telles cours sont constituées d'un volume géométrique régulier – généralement

De haut en bas et de gauche à droite :
Façade sur cour de la Cour des Comptes, Paris 2e.
Ateliers d'artistes, 65 rue La Fontaine, Paris 16e.
Henri Sauvage, architecte ; 1926.
Castel Béranger, 14 rue La Fontaine, Paris 16e.
Hector Guimard, architecte ; 1898.

Toute une histoire

5. Les cours des Vignes et Saint-Joseph, au 5 rue de Charonne, notamment. Au-dessus des ateliers à rez-de-chaussée sont construits trois étages de logements et d'ateliers desservis deux à deux par des escaliers en façade. Cette typologie sera reprise dans la seconde moitié du XIXe siècle par l'architecte Émile Leménil pour construire la rue des Immeubles-industriels.

6. Dans la cour commune du 18-20 rue d'Aumale ou au 20, rue Saint-Lazare, par exemple.

rectangulaire, carré ou rond – sur lequel les façades viennent s'aligner. La régularité confère à ce vide une densité en quelque sorte incompressible qui semble repousser la géométrie complexe de la ville. Les façades, assumant une fonction de représentation presque au même titre que celles de la rue sont, bien que souvent moins ornementées et de matériau plus ordinaire, ordonnancées avec autant de soin et de régularité que celles-ci. La cour monumentale s'oppose au corps de bâtiment sur rue par son caractère d'espace clos et introverti, mais peu par le dessin de ses façades. Les défauts de géométrie résultant de l'implantation sur une parcelle urbaine, donc souvent irrégulière, des formes régulières de ces cours, sont habilement rachetés dans l'épaisseur des bâtiments eux-mêmes.

Certaines cours du faubourg Saint-Antoine datant du XVIIIe siècle présentent de telles dispositions, en dépit de leur caractère industriel ou mixte.[5] Ce type de maisons à loyers perdure au-delà du XVIIIe siècle et on le rencontre encore fréquemment dans de nombreux lotissements de la Restauration.[6]

**Cour du 9 rue de Lille, Paris 7e. Vers 1940.**

Paris, côté cours

### Les cours d'immeubles servantes

À la période haussmannienne s'opèrent, en revanche, de profondes mutations de l'immeuble de logements qui marquent le début du déclin de la cour en tant qu'élément typologique primordial de l'immeuble parisien. L'immeuble haussmannien, voué à la rentabilité financière et édifié sur un parcellaire prédéterminé, opère une réduction des surfaces de cours qui limite l'apparition de cours monumentales.

Le *Décret du 27 juillet 1859, réglant la hauteur des maisons, combles et lucarnes de la Ville de Paris*, en imposant un mur de 50 centimètres d'épaisseur sur la rue conduit à la systématisation de la façade porteuse complétée d'un mur de refend qui lui est parallèle et distant d'environ 6 mètres pour d'évidentes raisons constructives. En avant de ce mur, sur la rue, se trouve l'élément géométriquement rigide de la composition : l'enfilade des pièces les plus nobles, liée à la rectitude de la façade publique ; en arrière, comme le remarque Pierre Pinon, « *il est toujours possible de développer les dispositifs du couloir, de l'escalier et des services, […] en profondeur (avec un couloir secondaire) ou bien autour d'une cour, puisqu'il n'y a plus de contraintes géométriques.* »[7] Ainsi, sur cour, les façades s'organisent principalement en fonction des contraintes d'éclairement et d'aération. La souplesse d'un tel type, servie par l'habileté des architectes issus de l'École des beaux-arts, permet son implantation sur les parcelles les plus irrégulières.

Les cours, dont la taille tend à se réduire et le rôle à se limiter de plus en plus à l'éclairement et à l'aération des locaux, sont désormais la plupart du temps irrégulières et ordonnancées en fonction des dispositions intérieures des immeubles. Dans une cour monumentale la distribution du bâtiment, mais aussi le dessin des façades qui la complète, manifestent son caractère d'élément central de la composition. La cour irrégulièrement ordonnancée, en revanche, est toujours un élément arrière, périphérique, dans la réalité topologique du bâti, mais aussi dans le caractère des façades qui la définissent. À ce titre ce type de cours peut accueillir les irrégularités du plan qui s'y concentrent. L'irrégularité de la façade sur cour répond ainsi à la régularité de la façade sur rue que, dans une certaine mesure, elle sert et autorise. De telles cours ne sont pas prééminentes à la composition mais sont, au contraire, tributaires de la mise en place du bâti dont elles sont la simple résultante. À partir de 1884 ce caractère de dépendance par rapport au bâti est encore renforcé par le dispositif des cours communes, qui lie les cours d'emprises voisines entre elles et qui rend donc toute cour située sur une parcelle donnée dépendante de l'implantation du bâti sur les terrains voisins.

Le caractère servant de la cour se renforce encore à partir de la fin du XIXe siècle. La configuration des parcelles tend à se modifier, en particulier dans les lotissements des arrondissements périphériques qui prennent place sur de vastes emprises : la superficie des lots reste sensiblement la même qu'auparavant, mais leur proportion est plus carrée et leur profondeur par rapport à la rue diminue. Le linéaire de façade sur rue augmente donc et de telles parcelles ne

7. Pierre Pinon, « De la parcelle à l'immeuble – Les lotissements », Jean Des Cars et Pierre Pinon (dir.), *Paris-Haussmann*, Paris, Éditions du Pavillon de l'Arsenal et Picard Éditeur, 1991, p. 143.

peuvent plus accueillir deux corps de bâtiments successifs en profondeur, mais un seul dont tous les appartements regardent vers la rue. La cour perd là son rôle essentiel de distribution : il n'est désormais plus nécessaire de la traverser pour atteindre le bâtiment du fond. Elle cesse donc d'être le support d'une pratique pour devenir un lieu désert ne servant plus qu'à l'éclairement et à l'aération du bâtiment. De telles cours perdent naturellement leur caractère monumental, jusque dans les immeubles les plus riches, au profit d'un statut servant, même s'il ne s'agit pas de cours de service proprement dites.

### Les cours, laboratoire d'architecture

À partir du milieu du XIXe siècle, derrière la façade lourde et régulièrement ordonnancée de la ville de pierre se dissimule une autre ville qui décline, sur un mode mineur, une architecture « buissonnière » qui peut se permettre d'être moins correcte, moins convenante, affranchie qu'elle est, à des degrés divers, de l'obligation de représentation. De ce statut secondaire et quelque peu déprécié, la cour tire une part de son charme ; ses architectures y gagnent en liberté. La cour devient, dès lors, le lieu d'une expérimentation basée sur des matériaux, des éléments et des types architecturaux nouveaux qui, à l'abri des regards, composent une architecture qui serait par trop inconvenante pour exister sur la rue. L'opposition entre façade avant et façade arrière se renforce, ainsi que l'autonomie de leurs dessins respectifs. César Daly définit trois classes d'immeubles correspondant chacune à un prix de revient et, par conséquent, à un type d'occupation sociale particulier. Il note que les façades sur cour des immeubles de deuxième et troisième classes sont en moellons et en pan de bois, leurs façades sur rue étant en pierre de taille.[8] Dans les immeubles de troisième classe les murs des façades sur cour sont construits avec le même procédé que les murs de refend. Tout se passe alors comme si, constitutivement, la cour était une émanation de l'intérieur même de l'immeuble, comme si ses façades étaient à proprement parler un retournement vers l'extérieur des partitions internes, manifestant ainsi structurellement le caractère d'intérieur à ciel ouvert caractéristique de ce type de lieux.

L'architecture des façades de cour est ainsi une architecture sans masque, parfois presque comme écorchée, où la distribution interne du bâtiment d'une part, sa constitution physique d'autre part, se donnent à lire crûment.[9] Elle s'oppose à l'architecture des façades sur rue qui, puissamment réglementées en ce sens, constituent la façade de la rue avant d'être celle d'un immeuble qui se trouve comme dissimulé derrière ce masque de pierre.

La lecture de la distribution interne du bâtiment dans les façades de cours est, avant tout, due à l'irrégularité des percements. Là se manifeste par excellence le caractère privé et domestique de l'architecture de logement. On peut parler, à propos de certaines cours, d'une véritable architecture de garde-manger, tant le motif de leurs systèmes d'aération est présent dans ces façades où alternent souvent les fenêtres de cuisines et celles, plus étroites et moins hautes, des salles d'eau. C'est là, sur cour que, pour la première fois, apparaissent des façades dans lesquelles l'attribution d'une forme de fenêtre à chaque fonction

8. César Daly, *Architecture privée au XIXe siècle sous Napoléon III – Nouvelles maisons de Paris et des environs*, tome 2 du volume premier, Paris, A. Morel, 1864. Les immeubles de première classe sont dotés de façades sur rue et sur cour en pierre de taille. Dans ces cas-là la cour possède souvent un statut qui l'autorise à bénéficier d'une ordonnance assez régulière, version épurée de celle de la façade sur rue. On retrouve souvent dans ces cours un souvenir des cours des palais dont s'inspirent les immeubles parisiens du XIXe siècle.

9. La mise à nu des immeubles dans les cours n'est pas sans évoquer l'opération que propose Georges Perec lorsqu'il écrit *La Vie, mode d'emploi* : « J'imagine un immeuble parisien dont la façade a été enlevée […] de telle sorte que, du rez-de-chaussée aux mansardes, toutes les pièces qui se trouvent en façade soient instantanément et simultanément visibles. » Georges Perec, *Espèces d'espaces*, Paris, Galilée, 1974.

De haut en bas :
Cour, rue Raynouard, Paris 16e.
Cour, avenue Simon-Bolivar, Paris 19e.
Vers 1940.

Cour, 77 rue de Charonne, Paris 11e.  Cour, 100 avenue de Suffren, Paris 15e.

10. Côté rue, suivant les époques, toutes les fenêtres sont identiques ou différenciées suivant un étagement vertical correspondant à une répartition sociale. Elles ne se différencient pas, en tout cas, d'après les fonctions des pièces qu'elles éclairent et restent, à ce titre, muettes sur la distribution interne des locaux.

11. Les cages d'escaliers font l'objet de prescriptions particulières dans le cadre de la réglementation des cours. Les décrets du 23 juillet 1884 et du 13 août 1902 précisent tous deux que « *les cages d'escaliers pratiquées sur les cours pourront sortir du périmètre [du profil du comble réglementaire], de manière à pouvoir s'élever jusqu'au plafond du dernier étage desservi par lesdits escaliers.* » Leur tendance à l'autonomisation est donc, dans une certaine mesure, favorisée. Viollet-le-Duc avait été un des premiers à exploiter ce motif dans ses immeubles de logements, notamment au 68 rue Condorcet.

12. Immeuble situé à l'angle du boulevard

interne des logements rend la distribution des pièces lisible depuis l'extérieur.[10] Cette lisibilité des fonctions sur les façades par l'individualisation systématique des percements que l'on rencontre dans les cours deviendra, au tournant du siècle, un trait majeur des façades des immeubles de logements populaires.

Mais l'irrégularité de ces façades est aussi due aux circulations verticales qui s'y trouvent rejetées. À une époque où ils devaient obligatoirement être éclairés naturellement l'intégration des escaliers dans un ordonnancement régulier s'avérait souvent difficile. Par conséquent, l'escalier est systématiquement rejeté sur la façade la moins noble : celle sur cour. Qu'il soit dans-œuvre et que ses fenêtres, biaises ou dérogeant à l'alignement horizontal trahissent sa présence sur le plan de la façade, ou carrément hors-œuvre, en fait, le plus souvent, demi-hors-œuvre, et qu'il tende à devenir un organe libre formant tour dans le volume de la cour, en avant du bâtiment, l'escalier est presque toujours lisible.[11] À partir de la fin du XIXe siècle la cage d'escalier est souvent doublée d'une cage d'ascenseur, application précoce de la légèreté de la construction métallique et de l'aspect diaphane de ses remplissages de verre à l'architecture domestique.

Cette tendance des éléments du plan à se projeter vers l'extérieur du bâtiment, tout au moins à percer le plan de référence du nu extérieur, est une des caractéristiques des façades de ce type de cours. E. Rivoalen écrit à propos de l'une d'elles[12] : « *Au premier coup d'œil [...], se remarque le contour accidenté de la cour principale, entaillée de recoins et bosselée d'avant-corps. De même que la surface de chauffe d'un radiateur, cette surface d'éclairage se strie et se contourne ici pour fournir prise d'air et de jour aux diverses parties des étages divisés en appartements. [...] On ne saurait trop insister sur cette qualité véritablement salubre du plan à cour " cannelée ", développant une si considérable surface d'éclairage et d'aération. [...] Sur cette cour au contour découpé, à la surface satisfaisante s'avancent, ici comme aux étages, les pièces-salles, chambres ou arrière-boutiques gagnant, par cette avancée, des dimensions pratiques. [...] Observons qu'il a fallu évidemment amincir, à leur minimum, les murs ou les muretins formant les parois de la dite cour [...]. Le fer et la brique permet-*

Paris, côté cours

*taient cet amincissement, ces formes brisées droites ou courbes ; et cela sans préjudice à la solidité, sans nul accroc aux règlements.* » C'est l'utilisation de matériaux nouveaux qui permet donc d'édifier cette façade jugée si fonctionnelle. Mais c'est, avant tout, la non obligation de respecter un quelconque alignement et l'absence de prescription en matière de saillies qui autorisent de telles dispositions. C'est ainsi que toute sorte d'éléments en encorbellement apparaissent sur les cours bien avant que les *bow-windows* ne soient autorisés sur la rue : vérandas et oriels de salles à manger, ou couloirs vitrés métalliques distribuant les cuisines, animent souvent ces façades en leur conférant un caractère pittoresque et domestique.[13]

De même, les coursives, simples galeries de bois à l'origine, distribuent depuis longtemps de modestes immeubles dans les cours populaires des faubourgs. Elles connaîtront leurs premières transcriptions savantes dans les cours des opérations HBM du début du XXe siècle[14], avant de devenir, par la suite, un motif de l'architecture de logements que les architectes tenteront d'imposer durant tout le siècle en dépit de ses difficultés de mise en œuvre.

Les architectes utilisent donc, au départ, l'espace de liberté de la cour pour mettre en place des éléments impossibles à montrer sur une rue qui ne les acceptera que plus tard.

Les cours deviennent aussi le lieu d'expérimentation de nouveaux matériaux et produits industriels choisis pour leur prix et leur efficacité constructive, en tout cas pour leurs qualités fonctionnelles, mais qu'il serait, là aussi, inconvenant, sinon interdit, d'utiliser sur la rue. Les façades en céramique apparaissent ainsi sur les cours en raison de leur facilité d'entretien. Will Darvillé et Charles Lucas notent à ce sujet que dans l'immeuble de logements de la fondation Singer-Polignac de la rue de la Colonie « *les cours latérales, réservées au service, sont disposées avec des matériaux qui en permettent le lavage fréquent.* »[15] Le pan de fer apparent prend souvent le relais du pan de bois, associé à un remplissage de brique et souvent de larges parties vitrées. Les baies sur cour ont, d'ailleurs, tendance à devenir plus horizontales grâce à ce type de matériaux, même dans le cadre d'immeubles de logements. P. Planat présente dans son recueil des immeubles disposant de baies à deux vantaux sur la rue et quatre, donc légèrement horizontales, sur la cour.[16]

Dans les quartiers plus modestes aussi, dans les faubourgs notamment, l'architecture des cours anticipe sur des évolutions ultérieures. De nombreux immeubles de logements construits à partir de la fin du XIXe siècle y sont dotés de façades sur rue mixtes et économiques dans lesquelles les parties vives sont en pierre et le remplissage en brique : « *Le mélange de ces matériaux [brique et pierre] permet d'allier une solidité remarquable à une élégance sans recherche mais de bon goût. Il résulte de leur assemblage qu'on peut sauver la maison de l'aspect triste et humiliant que détermine la juxtaposition des briques et des fers apparents, tout en évitant la dépense coûteuse qu'entraîne nécessairement l'emploi unique de la pierre de taille.* »[17] Sur la cour la pierre disparaît cependant totalement, laissant alors la brique nue et les linteaux métalliques apparents, dans un état, sinon humiliant, qui évoque tout au moins un certain inachèvement par rapport à la façade sur rue.[18]

---

Barbès et de la rue Marcadet. E. Rivoalen, *Maisons modernes de rapport et de commerce*, Paris, Georges Franchon, s.d., pp. 195-198.

13. Voir notamment P. Planat, *Habitations à loyers*, troisième série, Paris, Aulanier et Cie, s.d. Dans ce recueil d'immeubles des années 1870 figurent plusieurs immeubles dotés de salles à manger éclairées par des vérandas en encorbellement sur la cour.

14. Voir, notamment la cour du bâtiment que L. Feine construit boulevard Bessières dès 1911.

15. Will Darvillé et Charles Lucas, *Les Habitations à bon marché en France et à l'étranger*, Paris, Librairie de la Construction moderne, 1899, éd. rev. en 1913.

16. Notamment au 24 avenue de Breteuil. In, P. Planat, *op. cit.*, note 18.

17. Will Darvillé et Charles Lucas, *op. cit.* note 19.

18. Au 25 rue Henry-Monnier, un immeuble construit par G. Guyon en 1907 constitue une sorte de résumé des gradations hiérarchiques qu'on peut observer entre les façades sur rue et sur cour : la façade du corps de bâtiment sur rue est en pierre, tandis que sa face arrière est en brique apparente ; les deux bâtiments dans la profondeur de la parcelle, qui déterminent deux cours successives, sont en pan de fer dont le remplissage est assuré par des éléments en pan de bois et brique.

### Les cours urbaines hétérogènes : la ville condensée

Mais, au-delà de l'utilisation de matériaux nouveaux dans l'architecture de logements, les cours sont aussi le lieu d'accueil de programmes nouveaux. Au long du XIX$^e$ siècle et durant une partie du XX$^e$ siècle la plupart des installations industrielles sont implantées dans des cours[19] d'un type particulier, bien différent des deux précédemment définis. Très vastes, elles constituent une sorte de retournement de la ville sur elle-même et s'enfoncent souvent profondément dans l'épaisseur de son tissu. Elles se transforment parfois en passages ou en cités et sont des parties de ville plutôt que de bâtiments.

La profondeur de ce type de parcelle permet la construction des longs édifices nécessaires pour accueillir certaines machines dotées d'axes de transmission démesurés. Loin des règlements urbains de l'espace public, ces cours autorisent des architectures industrielles aux matériaux bruts et jugés dépourvus de qualités esthétiques. Apparaissent alors, là aussi, de nombreuses constructions à ossatures de bois ou de fer, plus rarement de béton. Les remplissages en sont variés : brique (brute ou vernissée, rouge ou jaune…), toutes sortes de verre (clair, armé, translucide, ondulé, en pavés…), bois (en panneaux fixes ou mobiles, en clins…) et métal sont les plus courants. Ces éléments non porteurs déclinent tous les types de façades légères, de fenestration et d'obturation en une fascinante archéologie du mur-rideau.[20] Le faubourg Saint-Antoine conserve encore quelques-uns de ces bâtiments à ossature de fer et remplissage de brique et de verre qui semblent augurer, dans la nudité de leur construction, de certaines réalisations de Mies van der Rohe.[21] Mais le paysage de ces cours n'est pas seulement caractérisé par les bâtiments : des éléments industriels, tels que poulies, ponts roulants ou monte-charges plaqués en façade participent de cet environnement machiniste,[22] parfois paradoxalement complété d'une végétation presque luxuriante.

La variété des types de bâtiments les constituant confère à ces cours un caractère d'hétérogénéité marqué. Les constructions qui les composent datent d'époques diverses et répondent à de nombreux besoins : de modestes logements en pan de bois enduit cohabitent ainsi avec de vastes hangars de bois ou avec des halles desquelles s'élancent encore parfois de hautes cheminées de brique. Ces cours donnent à lire le processus de densification de la ville. Moins policées que sur l'espace public, les discontinuités bâties y sont beaucoup plus perceptibles. On y lit les effets bruts de l'agglomération au cours du temps de nombreux éléments, hétérogènes au départ, mais dont les contradictions se résolvent finalement dans la forme d'une cour qui, en rendant possible de telles situations de congestion, joue un rôle véritablement fédérateur. On est ici dans un monde d'appentis, de surélévations, de porte-à-faux gagnant sur l'espace libre restant, d'espaces extérieurs couverts de verrières pour augmenter encore la surface construite qui, dans sa densité de bâti et d'activités compose une sorte de résumé de la ville, de la complexité de ses programmes, de la diversité de ses matériaux et de la richesse de ses modes de constitution.[23]

---

19. La toponymie de nombreuses cours et cités des faubourgs rappelle ce passé industriel : cité Industrielle, cour, passage ou cité de l'Industrie, cour des Fabriques, passage de la Fonderie, passage du chantier, cité de l'Ameublement, etc.

20. La maison de verre de Pierre Chareau, au fond de sa cour, peut apparaître comme une des premières transpositions de ce type de constructions industrielles dans le champ de l'architecture savante.

21. Notamment au fond de la cour Delépine, au 37 rue de Charonne ou au 41 rue de la Roquette.

22. Notamment dans la cour Damoye, au 1 place de la Bastille, ou au 99 rue Oberkampf.

23. Souvent la direction réelle du parcellaire est perceptible dans les cours. Lorsqu'une rue coupe obliquement le parcellaire existant, comme la rue de Charenton, par exemple, sa façade offre un front continu qui masque cette obliquité. En pénétrant dans les cours, au-delà de la géométrie de l'espace public, la direction des façades qui les bordent donne à voir la direction du parcellaire originel.

Ci-dessus : **Façade sur cour, 68 rue de la Folie-Méricourt, Paris 11e.**
Ci-dessous, de gauche à droite : **Cour du 45 rue Émile-Ménier, Paris 16e. 1943.**
**Détail sur la coursive, Immeuble boulevard Bessières, Paris 17e.**
L. et A. Feine, architectes ; Société des logements populaires et hygiéniques, maître d'ouvrage ; 1911.

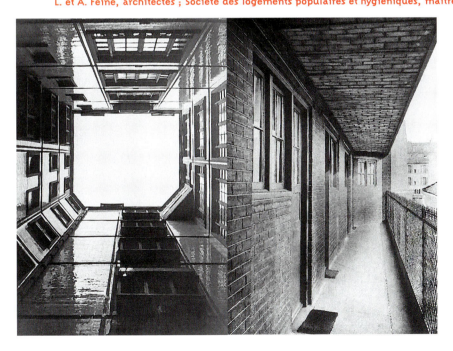

Toute une histoire

### Ouverture de la cour et inversion des façades

Mais, à l'aube du XXe siècle, les jours de la cour sont, en quelque sorte, comptés. Le règlement de 1902 renferme des dispositions contradictoires qui vont accélérer la disparition de la cour en tant que forme urbaine close. Il incite à la densification de la bordure bâtie sur rue au moyen d'immeubles à gradins en considérant qu'au-dessus du rez-de-chaussée le prospect réel et non pas seulement légal peut être pris en compte. Louis Bonnier, principal rédacteur du règlement souhaite d'ailleurs explicitement une prime à la hauteur.[24] Mais, par ailleurs, des prospects importants sont exigés sur cour, calculés en fonction de la hauteur des façades qui les bordent. La densité et la hauteur autorisées sur la rue imposent donc des dimensions de cours contradictoires avec l'épaisseur importante de rez-de-chaussée d'immeubles à gradins. Le règlement de 1902 tend donc à provoquer le retournement de la cour sur la rue et à ne laisser à l'arrière du bâtiment, en lieu et place de l'ancienne cour, qu'une simple courette. Auguste Perret fournit, dès 1903, le premier exemple de ce type d'adaptation au nouveau règlement.[25] Dans l'immeuble du 25 bis rue Franklin, la cour est ainsi retournée sur la rue, en raison de l'exiguïté de la parcelle. Pierre Vago est explicite à ce sujet : « *L'architecte disposait d'un très petit terrain : 185 m². Le règlement exige, on le sait, une surface de cour de 56 m², en cas d'utilisation de toute la hauteur autorisée. C'est cette difficulté qui a conduit à la solution ingénieuse d'un cour ouverte de 12 m² sur la façade, pour laquelle la surface réglementaire n'est pas exigée, celle-ci participant à la rue.* »[26]

Au même moment, sous l'influence des théories hygiénistes, qui n'a fait que se renforcer depuis le milieu du siècle précédent, s'organise la réflexion sur le logement de masse.[27] Dans ce cadre se développe la théorie de la cour et de l'îlot ouverts, censés permettre à l'air de circuler et à la lumière solaire de pénétrer à l'intérieur des logements. Poussées à leurs ultimes conclusions, notamment par Augustin Rey[28], plus tard repris par Le Corbusier, ces théories réclameront, à terme, que les bâtiments soient orientés par rapport à la seule course du soleil.[29] En attendant, plusieurs opérations de logements se construisent au début du siècle autour de cours ouvertes. Elles montrent toutes que cette ouverture de la cour sur la rue tend à provoquer un traitement des façades indifférencié entre les deux faces des bâtiments.

Dans un tel système de composition les bâtiments tendent, en effet, à se désorienter. Les façades, répondant à des critères de fonctionnalité internes poussés, sont de plus en plus dessinées depuis l'intérieur d'un logement désormais conçu comme un volume à éclairer et ventiler.[30] À chaque fonction correspondent désormais une forme et une taille de percement jugées pertinentes, ce qui conduit à des ordonnances de façades irrégulières. Ce type de composition encourage donc les dessins de façades pittoresques qu'on cherche, de toutes manières, à mettre en place. Gustave Kahn se félicite d'ailleurs de cette concordance : « *Heureusement pour l'esthétique que les éléments de disposition nécessitée par l'hygiène cadrent avec ceux qui la peuvent produire et que l'on peut faire du beau et de l'agréable avec de larges verrières claires, des pièces hautes, des dégagements*

---

24. « *Il semble juste et bon qu'un propriétaire qui, de quelque façon que ce soit, additionnant son intérêt particulier à l'intérêt général, augmente la largeur de la rue en abandonnant le cube utilisable souvent important, jouisse en retour des avantages de hauteur proportionnels à son sacrifice.* » Cité par Henri Bresler et Anne-Marie Châtelet, *Immeubles à cour, peignes et redans – La réglementation parisienne*, Versailles, LADRHAUS, 1989, p. 35.

25. Voir à ce sujet Pierre Lavedan, *Géographie urbaine*, Paris, Gallimard, 1936, et Henri Bresler, « Finestre su corte », *Rassegna*, Milan 28/4, décembre 1986.

26. Pierre Vago, *L'Architecture d'aujourd'hui*, n° VII, spécial Auguste Perret, octobre 1932, p. 19.

27. Les hygiénistes n'auront de cesse de faire disparaître la cour, alors considérée comme une des principales causes de l'insalubrité de l'habitat. Jacques Bertillon, directeur du service de statistique municipale de la Ville de Paris qui, à ce titre, initiera quelques années plus tard le casier sanitaire des maisons de Paris, écrit dès 1880 : « *Les pièces d'habitation qui donnent sur la rue ou sur un jardin sont généralement aérées suffisamment. Très souvent, au contraire, celles qui donnent sur la cour ou sur la courette sont à peu près inhabitables.* » In J. Bertillon, *Second rapport présenté à la Commission permanente de statistique municipale au nom de la sous-commission chargée d'étudier les*

*spacieux.* »[31] Mais de tels procédés de composition tendent, en fait, à apporter plus de soin qu'auparavant au dessin des façades sur cour, puisqu'elles sont désormais visibles depuis l'espace public, et à dessiner celles sur rue avec des critères et suivant des intentions qui étaient habituellement plutôt réservés aux façades sur cour : fenêtres des pièces de service, saillies autorisées par le nouveau règlement et circulations, autant de traits distinctifs des façades sur cour qui désormais composent les façades animées de la rue.[32]

De plus, les prospects adoptés dans ces constructions sont les mêmes sur rue et sur cour. Par conséquent, les deux faces du bâtiment tendent à devenir identiques, puisque le même niveau de contrainte s'y applique. À propos de l'immeuble du Groupe des Maisons ouvrières de la rue Ernest-Lefèvre, Darvillé et Lucas notent que « *chaque logement est orienté de manière à avoir deux pièces en vue sur la cour considérée comme une véritable rue.* »[33] Monique Eleb remarque, pour sa part, à propos de l'immeuble de la même fondation sur l'avenue Daumesnil, « *la volonté de l'architecte de porter la façade sur cour à un niveau équivalent à la façade sur rue* » et précise que « *le statut de certains appartements ou logements sur cour ou sur rue est identique.* »[34]

L'opposition entre partie avant et partie arrière des bâtiments sur laquelle reposait la ville jusqu'alors est ici en train de perdre de sa force. Le processus qui s'est engagé est celui d'une dissociation de plus en plus grande entre le bâti et la forme urbaine, due à l'autonomie renforcée d'édifices qui semblent devenir plus « flottants » par rapport à la ville qui les contient et au sol qui les supporte. Les bâtiments semblent de moins en moins fondés, enracinés dans le sol de la ville. En effet, à partir du moment où les appartements sur cour et sur rue peuvent être les mêmes, et où, par conséquent, les façades sont identiques devant et derrière, les bâtiments peuvent être théoriquement déplacés et reproduits, suivant les mêmes critères, concernant de plus en plus strictement leur seul intérieur, sur n'importe quel terrain. L'adhérence particulière entre les façades et leur environnement, qui unifiait auparavant la forme urbaine et les bâtiments dans une dynamique de qualification et de définition réciproques, tend à diminuer.

Les barres des années de reconstruction et de la période de rénovation des années soixante pousseront ce processus à ses ultimes conséquences. Plus aucun souvenir de la cour, souvent plus aucune différenciation des façades, plus de face avant et donc pas de face arrière, tout tend à l'équivalence et à une orientation universelle dans l'espace fluide dérivé des théories de la *Charte d'Athènes*.

### Façades pittoresques des îlots ouverts contemporains

La critique de l'urbanisme des années soixante conduit, durant la décennie suivante, à une redécouverte des vertus de la ville traditionnelle. À Paris ce nouveau regard se traduit par une réhabilitation de l'haussmannisme et par une politique urbaine qualifiée, à ce titre et parfois un peu schématiquement, de néo-haussmannienne.[35] Alignement, gabarit et importance accordée à l'espace public constituent, de fait, les grands axes de cette politique. Si cette façon de procéder a permis de continuer la ville en de nombreux points, tout au

*questions à introduire dans le Bulletin de recensement de la Ville de Paris*, Paris, 1880, p. 4.

28. Voir A.-A. Rey, J. Pidoux, Ch. Barde, *La Science des plans de ville*, Lausanne-Paris, Payot-Dunod, 1928.

29. Voir Jacques Lucan, « Desserrement de l'agglomération et effacement parcellaire », J. Lucan (dir.), *Paris des faubourgs, formation, transformation*, Paris, éditions du Pavillon de l'Arsenal et Picard Éditeur, 1996.

30. Le docteur Boureille déclare alors : « *La hauteur des maisons, la surface des voies d'accès de l'air et de la lumière, doivent compter dans l'esprit des architectes autant que l'aménagement des appartements.* » In « Sur la limitation de l'air respirable, cause de la tuberculose à Paris », *Premier congrès international d'assainissement et de salubrité de l'habitation*, Paris, Jules Rousset, 1904, p. 130.

31. Gustave Kahn, *L'Esthétique de la rue*, Paris, 1901.

32. On peut voir l'immeuble de logements hygiéniques à bon marché de H. Sauvage et Ch. Sarazin, rue Trétaigne qui, pour une des premières fois, présente des façades sur rue ayant finalement un dessin proche de celui de façades sur cour.

33. W. Darvillé et Ch. Lucas, *op. cit.* note 19.

34. Monique Eleb, *L'Apprentissage « du chez-soi », le Groupe des Maisons Ouvrières, Paris, avenue Daumesnil, 1908*, Marseille, éditions Parenthèses, 1994, p. 64.

35. Voir à ce sujet l'article de Jacques Lucan à paraître dans *Paris projet*, « Généalogie du regard sur Paris ».

Toute une histoire

moins de renouer avec l'espace public, elle n'a pas, pour autant, permis de retrouver la complexité caractéristique de l'environnement urbain, comme en attestent de nombreuses ZAC réalisées depuis.

L'épaisseur constitutive du tissu est absente de ce type d'opérations dont les parcelles, continuant d'évoluer toujours dans le même sens depuis la période haussmannienne, ont encore allongé leur linéaire de façade sur rue au détriment de leur profondeur et tendent désormais à être allongées parallèlement aux voies. Aucune possibilité de mise en place de morphologies complexes n'est laissée aux architectes et aux aménageurs dans ces conditions. Le tissu qui en résulte est, la plupart du temps, unidimensionnel, finalement proche en cela de l'urbanisme moderne, bien qu'aligné sur rue et contenu dans les limites d'un gabarit proche du gabarit haussmannien.

De nombreux architectes contemporains tentent de répondre à cette perte de complexité en prenant en compte certaines caractéristiques essentielles du tissu existant. Deux tendances se dessinent dans ce travail sur le tissage complexe de la ville. La première d'entre elles vise à la mise en place d'îlots ouverts, suivant un modèle qui évoque les grandes cours urbaines hétérogènes. La profondeur de la parcelle est exaltée par l'interruption de l'opacité bâtie sur la rue qui permet une transparence entre l'espace public et le cœur de l'îlot. Il s'agit alors, pour ces architectes, de créer un paysage construit à l'intérieur de la parcelle. Cette attitude les amène logiquement à considérer les bâtiments comme de « *petites métaphores de villes* »[36] et à baser leur composition sur la fragmentation et l'hétérogénéité formelle. Il s'opère, dans ces conditions, un retournement de la ville sur elle-même conduisant à une sorte d'inversion du rapport entre intérieur et extérieur de la parcelle. Inversion qui amène les architectes à reconsidérer les statuts respectifs des façades, sur la cour d'une part, sur l'espace public d'autre part, et surtout les relations qu'elles entretiennent l'une avec l'autre. Suivant les cas, l'espace public semble se continuer dans l'espace privé de la parcelle ou, au contraire, la façade sur la rue semble presque devenir une façade arrière de l'espace intérieur de l'îlot : toutes les gradations hiérarchiques sont alors possibles dans le rapport entre intérieur et extérieur. Ainsi, Philippe Gazeau explique à propos du lycée Jean Jaurès : « *Nous avons conçu l'îlot comme une petite ville intérieure, où a été bâtie une promenade, où les façades principales sont à l'intérieur alors que les façades sur rue se contentent de raccrocher le lycée à la ville.* »[37] Le retournement de la ville sur elle-même est donc ici fortement marqué et le bâtiment, introverti, tend à tourner le dos à la rue. L'opposition entre façades avant et arrière existe, mais elle est, en quelque sorte, inversée. Le caractère unitaire de la façade de verre sur la rue s'oppose à celui, plus pittoresque, des façades d'une cour définie par des volumes hétérogènes aux matériaux différents : larges verrières, pavés de verre, pierre agrafée et menuiseries métalliques principalement. Frédéric Borel, pour sa part, semble rechercher une plus grande continuité entre la ville et l'intérieur de la parcelle lorsqu'il déclare qu' « *aujourd'hui, dans la façon d'habiter, certaines valeurs ont changé. Auparavant, seule la façade sur rue avait de l'importance alors que, pour moi, celle qui fait dos à la rue a aussi valeur de façade principale.* »[38] Les deux opérations de logements qu'il a réalisées, boulevard de Belleville et rue Oberkampf,

Immeuble de logements, 26 rue de l'Ourcq, Paris 19e. Philippe Gazeau, architecte, Agnès Cantin et Jacques Porté, architectes assistants ; Ministère des Postes et des Télécommunications, SA HLM Toit et Joie, maîtres d'ouvrage ; 1993.

36. Michel Bourdeau, « Imaginer des îlots confortables », *Ville-architecture*, n° 3, « Libérer l'îlot ? », janvier 1997, Paris, DAU.

37. Philippe Gazeau, « Transgresser les règles néo-haussmanniennes "simplettes" », *Ville-architecture*, op. cit., note 36.

38. Frédéric Borel, « Parfaire la ville, même si parfois on la bouleverse », *Ville-architecture*, op. cit., note 36.

Toute une histoire

témoignent de ce désir d'ouvrir la ville en prolongeant l'espace public dans la profondeur de l'espace privé des parcelles. Rue Oberkampf, l'espace intérieur théâtralisé et largement ouvert sur la rue est ainsi mis en scène pour être contemplé en balcon depuis l'espace public. Dans les deux cas les matériaux, globalement identiques sur la rue et dans la cour, renforcent le sentiment de continuité.

Ce que ces démarches ont en commun, malgré des écritures et des individualités fortement marquées, c'est le désir de mettre en place un parcours entre des objets rassemblés et resserrés sur la parcelle. Un parcours, au sens physique pour les habitants, mais aussi, souvent, un passage du regard depuis la rue vers le fond de la parcelle pour en faire apprécier de tous la profondeur et sa mise en scène. Les façades de tels bâtiments répondent, par leur dessin pittoresque et la diversité des matériaux qui les composent, à la fragmentation générale de volumes qui jouent d'une autonomie relative les uns par rapport aux autres. Ainsi le cœur d'îlot devient le lieu de la mise en place d'une image de l'hétérogénéité des cours de faubourgs et du rassemblement complexe des objets qui les composent.

### Façades régulières des cours archétypiques

La seconde tendance qui apparaît dans le cadre du travail sur la morphologie complexe de la ville se préoccupe avant tout de la cour en tant que partie intégrante d'un immeuble et des modalités suivant lesquelles elle peut générer une forme urbaine par le rapport qu'elle entretient avec le bâti et la parcelle. La parcelle est alors considérée en tant que telle, sans valeur métaphorique. Pour décrire ce type d'interrelation entre architecture et forme urbaine, Roger Diener explique à propos de son immeuble de logements de la rue de la Roquette[39] que l'objectif qu'il s'était assigné était de « *supprimer la distinction entre architecture et urbanisme et recréer l'un par l'autre [...] par la mise en place d'une forme non fermée au voisinage mais qui développe cependant sa propre autonomie* »[40] Dans cet immeuble, conclut-il, « *la cour est composée par le volume du bâtiment* ». L'unicité du matériau, le dessin des façades sur cour, identique à celui de celles de la rue, démontrent ici la capacité du logement à constituer la « matière première » de la ville. Par la mise en forme spécifique d'un bâtiment, très unitaire malgré la faille qui le scinde pour permettre le passage vers l'intérieur de la parcelle depuis la rue, les principales caractéristiques de la cour ordonnancée sont mises en place : retrait par rapport à l'espace public (la faille, débouchant sur un pignon aveugle, ne permet pas le passage du regard depuis la rue), et façades régulières que n'altère aucun élément de service. Unitaires, régulièrement rythmées par l'échelle domestique des fenêtres des appartements, ces façades manifestent le fait qu'elles sont autant les façades de l'immeuble que celles de la cour elle-même ; les façades de la face interne – le vide privé de la cour – et externe – le vide public de la rue – de la ville. La qualité d'intériorité de la cour, sa capacité à constituer un intérieur à ciel ouvert au cœur du tissu tout en donnant corps à ce tissu lui-même, sont ainsi pleinement exprimées.

Cette préoccupation de qualification précise de l'espace public par rapport au domaine privé est déterminante dans le travail de Livio Vacchini. Il

39. 36 logements PLI pour la RIVP au 177-179 rue de la Roquette, Paris 11ᵉ.

40. Conférence prononcée le 21 janvier 1997 au Centre culturel suisse de Paris. Pour une analyse complète de ce bâtiment voir Jacques Lucan, « Une Architecture urbaine objective », *AMC*, n° 78, mars 1997.

Immeuble de logements, 56-60 rue des Vignoles, Paris 20e. Édith Girard, architecte ; SIEMP, maître d'ouvrage ; ZAC Réunion ; 1996.
La cour du 88 bis rue du Faubourg-du-Temple, Paris 11e.

considère, en effet, qu'un bâtiment de logements est toujours un bâtiment orienté et qu'il montre, par là même, sa capacité à être additionné à d'autres constructions du même type pour conformer des espaces publics. Dans ce cadre l'opposition entre façade sur rue et sur cour prend tout son sens. Dans l'immeuble de logements qu'il a récemment construit rue Albert[41] la façade sur rue est totalement régulière et abstraite, prenant ainsi en compte la « *dimension sacrée de la ville* »[42]. Côté cour les façades sont en simple enduit blanc alors qu'elles sont en tôle peinte sur la rue ; elles accueillent des loggias extérieures et leur dessin, moins abstrait que sur la rue, s'adapte à la destination domestique et quotidienne du programme. Les façades des ateliers, eux aussi sur cour, sont constituées de larges pans de verre.

Enfin, Herzog et de Meuron, dans le concours pour un immeuble de logements qu'ils ont récemment gagné[43] expriment, eux aussi, mais cette fois de manière très radicale formellement, l'opposition des deux situations urbaines spécifiques que constituent la rue et la cour. Sur rue, un bâtiment de six étages au plan massé et à la façade constituée de matériaux lourds : des volets de fonte. Sur cour, un bâtiment de deux étages en bois, léger et linéaire, disposé dans la profondeur de la parcelle, répond à sa situation exceptionnelle en cœur d'îlot, à l'abri des nuisances de la rue, par une architecture totalement différente. Il est difficile d'imaginer la préciosité de ce gros meuble exposée à la dureté de la rue. Par contre, posé dans la cour, il capte, en même temps qu'il l'exprime, la spécificité de ce type de lieu.

Parmi ces architectes se dessinent aussi, en dépit de leurs singularités respectives, des traits communs. La cour est ici considérée en tant qu'archétype idéal ; à ce titre l'accent est plus porté sur la discontinuité entre l'espace public et l'espace privé que sur la mise en place d'une continuité qui les lierait. En effet, le caractère de la cour repose en grande partie sur la disjonction du porche ou du passage resserré qui la sépare de la rue. Ainsi, passer sous l'immeuble sur rue c'est passer, métaphoriquement au moins, au-delà de la partie publique de la ville, de l'autre côté du miroir que constitue la façade de l'espace public. Significativement, ces trois opérations présentent un front bâti sur rue qui, par des dispositifs divers, exprime toujours le fait qu'il se prolonge à l'arrière par une épaisseur : passage opaque de la rue de la Roquette, halls transparents de la rue Albert ou façade « *qui se plie comme un rideau* »[44] de la rue des Suisses.

Ces démarches croisées prenant toutes comme thème la ville complexe, démontrent la richesse potentielle d'un questionnement de la constitution des formes urbaines dans leur épaisseur. Ce rapport entre intérieur et extérieur fonde, aujourd'hui comme hier, une des caractéristiques essentielles de la ville en lui permettant de se constituer en tant qu'environnement orienté et qualifié. À ce titre, la partie qui se joue entre façade sur rue et façade sur cour est plus que jamais d'actualité au moment où se pose partout la question de resserrer et de requalifier les vides de la ville tout en créant les conditions de développement d'un art d'habiter contemporain. •

*Éric Lapierre est architecte.*

---

41. 54 logements PLI pour la RIVP au 75-83, rue Albert, Paris 13e.

42. Déclaration de Livio Vacchini dans la présentation orale qu'il a faite de son bâtiment lors de la visite organisée par la Pavillon de l'Arsenal et la RIVP le 25 septembre 1995.

43. Environ 60 logements PLI pour la RIVP, au 17-19, rue des Suisses, Paris 14e.

44. Texte de description du projet lors du concours.

Immeuble de logements, 77-83 rue Albert, Paris 13e.
Livio Vacchini, architecte,
Mauro Vanetti et Massimo Biffi architectes assistants ;
RIVP, maître d'ouvrage ; 1995.

## La cour couverte — Éloge d'un premier rôle

### Pierre Gangnet

**Paris, 1850** : la cour, dans l'ombre, rend bien des services. Figure protéiforme des évidements nécessaires à l'îlot, utile à tous et à chacun, apte à l'honneur comme aux services, la cour reste malgré tout l'impensé radical des réformateurs urbains de cette moitié de siècle commençant, tous occupés d'espace public.
Rarement mise en question (sauf par des hygiénistes suspects de philantropie), toujours en situation de réponse, une variable d'ajustement du bâti en quelque sorte, la cour se cherche un destin, un rôle majeur en tous cas.
**Quartier de l'Opéra, 1880** : la cour fait un triomphe. Sous des habits neufs – la grande verrière étoilée – elle va donner toute sa mesure.
Il faut dire qu'en quelques années, une ville moderne est née là autour de l'Opéra de Paris, fantaisie cavernicole d'une telle ampleur que seule Manaus, au bord de l'Amazone suintant l'hévéas, put en donner le pendant : banques, bourse, grands hôtels, immeubles industriels, tous concourent à la performance.
Dissimulée dans l'immeuble îlot, la grande cour vitrée propose à quelques-uns, les enrichis de Monsieur Thiers, **l'euphorie du vide apaisé, les plaisirs et l'oubli du jardin,** donc des origines, condition même de la modernité : la cour vitrée en sera le symptôme le moins apparent mais le plus sûr.
**Paris, 1997** : la cour vitrée reprend du service, dans un rôle du répertoire cette fois. Simplement la modernité hésite. Alors entre strass et arte povera, verre collé ou fer plié, la cour fait bien des manières. Retour en grâce ou tournée d'adieux ?

Siège du Crédit Lyonnais, boulevard des Italiens, Paris 2e.
Williams Bouwens Van der Boijen, architecte ; 1878.

Paris, côté cours

u gigantesque

Bureaux, 50 avenue Montaigne, Paris 8e. Epstein, Glaiman et Vidal, architectes ; RFR, ingénieurs ; L'ARC UNION SNC, maître d'ouvrage ; 1993.

Agence Desgrippes, Gobé et Associés,
18 bis avenue de la Motte-Picquet, Paris 7e.
Patrick Mellett, architecte ;
Agence Desgrippes, Gobé et Associés, maître d'ouvrage ;
1997.

Toute une histoire

« La fragrance des déjections alvines… »
La cour du 4 bis rue Gustave-Zédé, Paris 16e. 1943.

# Dans l'enfer du puits noir

Roger-Henri Guerrand

Parmi toutes ses visions fulgurantes, Viollet-Le-Duc avait bien senti l'aspiration – que la bourgeoisie va mettre en œuvre par une panoplie de textes législatifs aujourd'hui plus que centenaires – au mirifique « pavillon » individuel exalté aussi en France par les intellectuels prophètes de la mort des villes. Il écrivait en effet : « L'individu, la famille tendront à s'isoler de plus en plus. La grande maison à location ne trouvera plus de locataires. Ce ne sont plus des maisons de pierre à cinq étages que l'on bâtira, mais des petites maisons propres à contenir une ou deux familles[1] ».

Certes, si le spectacle actuel des banlieues aurait peut-être tout pour réjouir celui qui fut un grand amateur de maisons de campagne, l'abandon de la « boîte à loyer » ne s'est jamais produit : ce monstre a même sécrété, pendant plus d'un siècle, une espèce sociale que Balzac, encore lui, avait exactement décrite à la fin du règne de Louis-Philippe : « Si un homme ayant bâti de grandes cages divisées en 1 000 compartiments, comme les alvéoles d'une ruche ou les loges d'une ménagerie et destinées à recevoir des créatures de tout genre et de toute industrie, si cet animal à figure de propriétaire venait consulter un savant et lui disait : "Je veux un individu qui puisse vivre une sentine de dix pieds carrés, je veux qu'il y vive toute sa vie, qu'il y couche, qu'il y soit heureux, qu'il ait des enfants jolis comme des amours, qu'il y travaille, qu'il y fasse la cuisine, qu'il s'y promène, qu'il y cultive des fleurs, qu'il y chante et qu'il n'en sorte pas, qu'il n'y voie pas clair et qu'il s'aperçoive de tout ce qui se passe au dehors", aisément le savant ne pourrait pas inventer le portier, il fallait Paris pour le créer, ou si vous voulez, le diable. »[2].

### Le portier

Durant plusieurs siècles, ce bougre fut un homme rare, réservé aux immeubles où logeaient grands seigneurs – tous les nobles parisiens ne résidaient pas dans des palais ou des hôtels particuliers, il s'en faut de beaucoup – et bourgeois bien rentés désireux de disposer d'une cour aux fins de ranger voitures et chaises à porteurs. À partir d'un certain rang, avant la Révolution, il est hors de question de sortir à pied puisque l'absence d'égouts provoque la formation permanente de la fameuse « boue de Paris » qui résiste à tous les lavages.

1. *Entretiens sur l'architecture*, tome 2, 1872.

2. *Les Comédiens sans le savoir*, 1845.

Ces maisons, dites à « porte cochère » – 4 000 environ sur 20 000 sous la Régence – sont placées sous la surveillance d'un portier qui doit loger au rez-de-chaussée car, entre autres obligations, ainsi le soin des ordures, il ne peut pas être loin de la fosse d'aisances dont l'ouverture se situe dans la cave ou même justement au premier niveau de l'immeuble. Or cette fosse se bouche souvent, S. Mercier a rapporté là-dessus les observations les plus précises[3]. Le portier doit y prêter une grande attention et surveiller les odeurs et les suintements autour de la dalle de fermeture.

Les propriétaires des maisons « bien habitées » étaient certainement tenus de traiter leurs locataires avec certains égards. À la veille de la Révolution, les possesseurs d'immeubles « mixtes » – il y a des nobles sans fortune à Paris et ils habitent dans tous les quartiers – il y a déjà ce qu'ils allaient devenir au XIXe siècle, des tyrans d'un genre nouveau : « J'ai toujours été frappé, écrit Restif de la Bretonne[4], de l'insolente propriété des possesseurs de maisons. Un homme vous loge ; vous le payez, et il se croit encore le maître de limiter à son gré la jouissance de votre appartement ! Il vous oblige de rentrer à quelle heure il lui plaît ; il vous interdit tel passage ; il surveille votre conduite… Il faudrait apprendre aux propriétaires de Paris que la seule valeur intrinsèque du local est à eux, et la jouissance à celui qui paie ».

Ces étonnantes remarques se vérifieront de point en point tout au long du XIXe siècle[5]. Le surnom de « vautour » va être donné dès le Premier Empire aux propriétaires et le public l'adoptera immédiatement[6]. À travers plusieurs de ses ouvrages, Balzac s'attachera à la minutieuse description de cette strate sociale en train de conquérir l'ensemble des pouvoirs puisqu'elle est seule à disposer du droit de vote[7].

Dans son immeuble de rapport, Monsieur Vautour a besoin de quelqu'un pour veiller journellement à ses intérêts. Ce sera le concierge appelé à devenir l'un des acteurs majeurs de la vie quotidienne en milieu urbain mais aussi l'un des personnages les plus vilipendés de la comédie sociale. Dès 1833, l'acte un d'un vaudeville[8] présente la cour d'un immeuble – avec sa pompe ! – où le concierge se fait servir le petit déjeuner par sa femme. Car il – ou plutôt elle, l'emploi étant très féminisé – ne fait pas grand chose, un « physiologiste » parisien ne se gêne pas pour l'affirmer au temps du Roi-Bourgeois : « Pourvu qu'on ne la dérange pas pendant qu'elle fait sa sieste, pendant qu'elle lit le journal, pendant qu'elle finit son roman, pendant qu'elle épluche ses légumes pour son pot, pendant qu'elle se réchauffe à son poêle, pendant qu'elle se rafraîchit assise devant la porte cochère… le reste du jour, c'est-à-dire un petit quart d'heure de loin en loin, la portière est au service des habitants de la maison »[9]. Le balayage, le nettoyage – en un temps où l'eau est rare –, l'obligation de tirer le cordon jour et nuit, la visite des locaux vacants, l'encaissement des termes, ne sont, semble-t-il, que des tâches légères aux yeux de cet « observateur » des mœurs de son temps.

Pour d'autres, la concierge figure un personnage pittoresque et même romantique, à condition d'écouter ses confidences. Si elle en est réduite à tirer le cordon, tâche humiliante à laquelle rien ne l'avait préparée, c'est à la suite d'affreux malheurs. Quelquefois, elle a été l'épouse longtemps respectée d'un négociant ruiné par des agioteurs et qui s'est suicidé, ou bien la veuve d'un

3. *Tableau de Paris*, 1782-88, tome 7. Voir notre ouvrage, *Les Lieux, histoire des commodités*, 1985, réédition, 1997.

4. *Les nuits de Paris ou le spectateur nocturne*, éd. de Londres, 1788-89.

5. Voir notre ouvrage, *Les origines du logement social en France*, 1966 ; réédition sous le titre, *Propriétaires et locataires au XIXe siècle*, 1987.

6. *Monsieur Vautour ou le propriétaire sous scellée*, pièce en un acte représentée pour la première fois en 1805.

7. *La Bourse*, 1832 ; *César Birotteau*, 1838 ; *Les petits bourgeois*, ouvrage posthume.

8. Laboullaye, *Le Portrait du concierge*.

9. James Rousseau, « La portière », in *Les Physiologies parisiennes illustrées*, 1843.

Ci-dessus, de gauche à droite : **22 rue Lalo, Paris 16e. 1943.**
**2 et 4 rue Gustave-Zédé, Paris 16e. 1943.**
Ci-dessous : **16 rue de l'Abbaye, Paris 16e. Vers 1940.**

Toute une histoire

officier tombé en héros pendant la retraite de Russie, ou encore son mari l'a lâchement abandonnée en la laissant privée de toute ressource.

Dans la réalité, elle vient du peuple et son prince consort est plutôt tailleur – comme le Cibot de Balzac – ou cordonnier. Quand ce couple se reproduit, il donne généralement naissance à une fille, insupportable dès l'enfance, et dont il veut faire une actrice ou une chanteuse : son grand morceau est « La Muette de par ici » (La Muette de Portini, dans l'opéra de Verdi). En fréquentant les milieux artistiques, la jeune personne finira quelquefois par rencontrer un monsieur sérieux et d'âge mûr – voir les caricatures de Steinlen et de Forain – qui l'installera dans une délicieuse bonbonnière…

### Le pipelet

L'écrivain Henri Murger, fils de portier et peintre de la bohème, aurait pu s'inscrire en faux contre de telles sornettes. Il a laissé ce soin à Eugène Sue, fouriériste il est vrai, et dont on sait maintenant la valeur des descriptions qu'il a laissées du Paris d'avant Haussmann. Voici, par exemple le tableau sinistre qu'il trace de l'environnement de Monsieur Pipelet – c'est lui qui a inventé ce nom –, concierge rue du Temple : « La maison se composait d'un rez-de-chaussée occupé par un rogomiste [10], et de quatre étages surmontés de mansardes. Une allée sombre, étroite, conduisait à une petite cour, ou plutôt à une espèce de puits carré de cinq ou six pieds de large, complètement privé d'air et de lumière… Au pied d'un escalier humide et noir, une lumière rougeâtre annonçait la loge du portier » [11].

À cette époque, en effet, dans l'immeuble « ordinaire », celui dit « à allée » et que Mercier vitupérait avant 1889 car « tous les passants y lâchent leur eau. En rentrant chez soi, on trouve, au bas de l'escalier, un pisseur qui vous regarde et ne se dérange pas », le rez-de-chaussée était le plus souvent occupé par un commerce quelconque. La loge était rejetée au fond de la cour, au besoin en réduisant celle-ci par une verrière. Car le vautour fait ce qu'il veut de sa cour, totalement absente de l'ordonnance de 1784 qui restera en vigueur presque jusqu'à la fin du XIXe siècle. Ce texte capital ne portait que sur les problèmes d'alignement, de hauteur de saillies, l'aspect esthétique des façades sur rue. Rien n'y précisait la manière dont devaient être implantés les bâtiments sur la parcelle ou dans l'îlot.

Concernant le droit « d'user » et « d'abuser », définition de la propriété, le bourgeois n'a jamais respecté – et encore – que les limites légales. La lecture des comptes rendus des enquêtes menées par les « Commissions des logements insalubres », créées par la loi 1850 – elles ne fonctionneront convenablement qu'à Paris –, est à cet égard des plus édifiantes. Un seul exemple, pris rue Coquillère en 1857. Au fond d'un immeuble, on découvre un espace de 2 m sur 1,25 m. C'est-à-dire un véritable puits. Les chambres y prennent jour à chaque étage tandis qu'une borne-fontaine y entretient une humidité permanente. En outre, une fosse, où on place les tonneaux d'aisances mobiles, y a son ouverture. C'est dans cette courette que se trouve l'entrée de la loge habitée par les époux Jacquet et leur fils de dix ans.

À l'article « Concierge » dans son *Dictionnaire* qui commence à paraître à la fin du Second Empire, Pierre Larousse écrira : « Monsieur Pipelet n'est

10. Liquoriste en argot parisien du XIXe siècle.

11. *Les Mystères de Paris*, 1842-46.

pas mieux logé qu'un chien ». Il faudra attendre 1872 pour que le problème des cours intérieures soit au moins abordé. Un décret en fixe les dimensions, 30 mètres carrés pour celles desservant les pièces d'habitation, le plus petit côté devant avoir quatre mètres de long pour les constructions s'élevant à vingt mètres. Ce texte sera complété par un article de la loi de 1902 – première loi française d'hygiène publique et privée – qui stipula que les cours n'éclairant que les cuisines pouvaient se contenter de quinze mètres carrés et les autres de huit.

Il convient évidemment de mettre à part les immeubles bourgeois à « porte cochère » : on peut encore les dénombrer facilement, ainsi boulevard Saint-Germain où la cour peut toujours receler des écuries transformées en garages, l'ancien poste de WC du concierge, un point d'eau, l'entrée de l'escalier de service. Ici, les dimensions sont conformes à la législation quand elles ne les dépassent pas. Par exemple, un immeuble construit boulevard du Temple en 1901 et auquel s'intéresse la revue *Art et Décoration* car il est teinté d'Art nouveau, offre-t-il un espace arrière de 8,50 m sur 8,80 m. Mais la porte d'entrée est bordée par deux boutiques : l'appartement du concierge, placé à droite, au milieu de l'allée, ne dispose d'aucune ouverture sur la rue. Toujours domine le souci de la rentabilisation maximale pour une maison de rapport dont plusieurs appartements sont loués 5 000 francs par an, soit l'équivalent de 100 000 francs actuels.

À partir de l'accroissement constant de la population de la capitale – Paris dépasse juste le million d'habitants au recensement de 1851 – deux problèmes vont se poser qui concernent directement l'espace-cour, celui de l'eau et celui des latrines.

### Les eaux

On ne sait pas très bien le nombre de puits qui ont été forés à Paris depuis le Moyen Âge. Les chiffres de 25-30 000 ont été avancés. Ils ne sont sans doute pas surestimés car l'eau est toute proche : de 4 à 5 mètres de profondeur, rive droite ; pas plus qu'à 10 mètres, rive gauche. C'est la nappe superficielle d'infiltration de la Seine, polluée par les boues et les fuites des fosses. Dès ses premières études, Belgrand considérait ce liquide comme impropre à la cuisson des légumes et au savonnage…

Heureusement, Paris compte de nombreuses sources et le service des eaux, depuis la Restauration, offrait des abonnements à des citoyens qui pouvaient se les offrir :
- 1 052 abonnés en 1835
- 5 318 abonnés en 1849
- 6 702 abonnés en 1852

Le vulgaire devait se contenter de bornes-fontaines dont le nombre, il est vrai, augmenta chaque année à partir de 1830 : on en comptait 1 844 sous le Second Empire. Reste qu'en 1882, alors que le dispositif de captage installé par Belgrand depuis des rivières coulant loin de Paris est en plein développement, 30 000 maisons sur 71 873 étaient encore dépourvues d'eau courante.

Il s'agissait naturellement d'immeubles réservés à des ouvriers. Le docteur Napias, devant les membres de la Société de médecine publique, le 22 mars

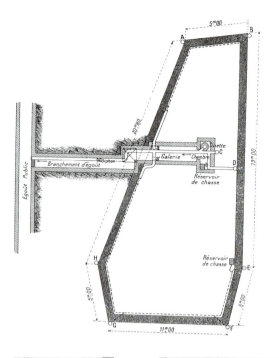

« Transformation du système d'évacuations d'un immeuble pour y installer le tout à l'égout ».
Coupe d'un immeuble, Tinettes filtrantes ; 1868.

1882, exposait de façon dramatique le problème de l'eau dans ce type de « pourrissoirs » : « il n'y a dans l'immeuble qu'un puits, au fond d'une cour ; ou, dans les cas les plus favorables, une conduite d'eau de la ville qui n'est laissée à la disposition des locataires qu'un petit nombre d'heures par jour. L'ouvrier qui rentre de son travail, le soir, tandis que sa femme allume le feu, prend un seau, descend ses cinq ou six étages, traverse la cour et attend son tour de hâler la corde du puits, ou de tendre son seau au robinet ; puis il remonte péniblement, les pieds lourds de sa fatigue du jour, et, rentré dans sa chambre, il ne songe plus à en sortir ; il faut que ce seau d'eau serve à tous les usages ; à la soupe, à la boisson de la famille ; tant mieux s'il en reste assez le lendemain pour débarbouiller les enfants ».

Heureux sont-ils, ces prolétaires, de disposer d'un point d'eau ! Car il ne rentre pas dans les obligations des loueurs d'en prévoir un. En 1880, deux prescriptions de la Commission des logements insalubres sont annulées par le Conseil de Préfecture de la Seine comme imposant sans droit à des propriétaires l'obligation d'approvisionner en eau leur immeuble. Ajoutons qu'avant 1860, les canalisations intérieures des maisons et l'évacuation des eaux pluviales n'étaient soumises à aucune réglementation. Règne toujours le respect du *jus utendi et abutendi* ! Chaque propriétaire installait donc toute la circulation des eaux sales à travers son immeuble, ni les éviers ni les plombs ne donnant lieu à aucune surveillance. On ne s'étonnera pas de retrouver une notable partie de leurs eaux usées dans les cours. Le docteur Du Mesnil l'a constaté dans les immeubles renfermant des garnis. (En 1876, 9 050 logeurs parisiens abritaient 142 671 locataires ; en 1882, le nombre des logeurs était passé à 11 535 et celui des locataires à 243 564) : « les cours et les courettes sont infectées par des amoncellements de détritus de toute nature en putréfaction ainsi que la stagnation des eaux pluviales et ménagères qui y croupissent et s'y putréfient »[12].

12. « Les garnis insalubres de la ville de Paris », *Annales d'Hygiène publique et de médecine légale*, janvier-juin 1878.

C'est dans ce réceptacle d'odeurs pestilentielles que vit le concierge et sa famille, en outre comblés par une note supplémentaire, la touche suprême, la fragrance provenant des déjections alvines : en 1887, on admettra que la cuisine de son logement peut prendre air et jour sur la courette où sont installées les latrines.

Si les bourgeois peuvent en effet disposer de WC intérieurs – longtemps à soupape et sans effet d'eau –, ce confort peut mettre du temps à être admis pour les petits logements spécialement construits pour la classe ouvrière. Grâce aux enquêtes de la « Commission des logements insalubres », nous savons tout sur ce sujet dénoncé comme la plaie de l'habitation du pauvre. Ainsi, dans le 13e arrondissement, l'abcès de fixation de la misère parisienne jusque bien après la deuxième guerre mondiale, on a rencontré les proportions suivantes :

– rue des Tanneries : un poste de WC pour 70 locataires
– rue Esquirol : un poste de WC pour 60 locataires
– boulevard d'Italie : un poste de WC pour 40 locataires

Dans les meilleurs cas, il y a un cabinet d'aisances pour 25 personnes. C'est la proportion, totalement empirique, à laquelle s'arrête pourtant la Commission des logements insalubres dans son rapport général allant de 1877 à 1883. Le docteur Napias, dans la séance du 16 avril 1883, a le courage de dénoncer ce chiffre comme une cause inéluctable d'insalubrité. Il lui paraît indispensable que chaque logement soit pourvu de son cabinet d'aisances. Mais il a conscience que cette proposition semblera à ses confrères « radicale et tout à fait révolutionnaire ». La nouvelle législation sur les garnis (1883) exigera un cabinet pour 20 personnes.

Dans les maisons des pauvres, rarement les dénombrait-on à chaque étage et il était plus commode d'implanter un poste ou deux dans la cour. Les propriétaires leur refuseront la chasse d'eau bien après la première guerre mondiale. Ceci afin que la vidange se renouvelle aussi rarement que possible. Ce fait n'avait pas échappé à la perspicacité de Belgrand : il estimait que, dans la plupart des maisons d'ouvriers parisiens, le cube annuel de la vidange ne dépassait pas 300 litres par habitant, à peu près le volume normal de la production de matières et d'urine sans adduction d'eau. Établies dans le sol des caves – ou à partir de rez-de-chaussée –, les fosses d'aisances devaient avoir communication immédiate avec l'air extérieur par un soupirail donnant soit sur la rue soit sur la cour. L'opération de vidange a lieu obligatoirement la nuit et l'air se charge aussitôt d'émanations immondes qui filtrent par les jointures des portes et les interstices des fenêtres : la famille Pipelet en est la première incommodée.

### Monsieur Poubelle

La loi de 1894, promue par Poubelle dix ans après l'obligation de la boîte à ordures[13] contraindra les propriétaires – seulement à Paris – à se brancher sur l'égout collecteurs de la rue, ce qui soulèvera leur colère contre cette mesure de l'État « hygiéniste », c'est-à-dire, pour eux, « socialiste ». Ils résisteront longtemps à se mettre en règle : au 31 décembre 1910, le nombre des maisons de Paris pratiquant l'écoulement direct s'élevait à 48 450. Il en restait 36 550 à équiper, la plupart du temps des habitations ouvrières. Ce n'était pas celles qui rapportaient le moins à leurs propriétaires car ils y réduisaient au minimum les frais d'entretien[14].

Propriétaires et architectes agissant en conformité avec des règlements administratifs rédigés sans aucune préoccupation sanitaire oseront, sans vergogne, désigner les sinistres courettes parisiennes comme des « puits de lumière » alors que le soleil n'y pénètre pas plus bas que le quatrième étage. Plongés dans une demi-obscurité, les étages inférieurs, en fait de lumière, ne reçoivent que les poussières résultant des travaux ménagers : elles pénètrent dans les garde-manger installés alors souvent sous la fenêtre des cuisines. Le puits noir des immeubles n'est en réalité qu'un réservoir d'air stagnant, un volume immobile, sans renouvellement actif et dans lequel s'entasse l'atmosphère confinée de la demeure : le véritable remous d'air passe au-dessus de la cour, l'endroit le plus empuanti de la demeure, la deuxième fosse, jamais vidangée, celle-là.

Malgré les révérences permanentes à la déesse Hygie, découverte par les autorités sociales à partir de l'Exposition universelle de 1889 – on y verra, sur le Champ de Mars, la présentation de deux maisons, l'une dite « salubre » et l'autre « insalubre » et la presse fera grand cas de cette innovation pédagogique –, les Français resteront encore longtemps indifférents et ignorants des éléments constitutifs d'un logement sain et hygiénique que les promoteurs des « Habitations à bon marché » seront les premiers à offrir à la population ouvrière avant la fin du XIXe siècle.

Bientôt sonnera l'heure de la cour « ouverte » où la ventilation peut être étudiée pour un renouvellement continu de l'air. Après la deuxième guerre mondiale, les seize îlots insalubres parisiens abritant 186 000 personnes seront rasés tandis que M. Pipelet accédait au statut de « gardien » : juste retour des choses, c'est un bourgeois – fils de général – Édouard Frédéric-Dupont, qui se fera, durant des décennies, le défenseur le plus zélé de ceux qui étaient des « exclus » dans des demeures dont on leur avait confié la propreté et la sécurité. •

*Roger-Henri Guerrand est historien d'architecture, ancien enseignant à l'École d'architecture Paris-Belleville et à l'Institut des Carrières Artistiques.*

---

13. Roger-Henri Guerrand, « Le problème de l'évacuation des déchets solides à Paris au XIXe siècle », *Paris et ses Réseaux, naissance d'un mode de vie urbain*, 1990.

14. Adeline Daumard, *Maisons de Paris et propriétaires parisiens au XIXe siècle*, 1965.

Immeuble de logements, 25 bis rue Franklin, Paris 16e. Auguste Perret, architecte ; 1904.

# Paysage intérieur

### Christian de Portzamparc

Cours, passages, ruelles, venelles et porches, intérieurs creusés. J'ai toujours plus ou moins vu la ville historique comme une matière qui aurait été creusée. Étudiant, j'ai adopté avec ferveur la vision de l'après-guerre qui voyait dans cette ville une termitière ancestrale inadaptée aux mutations immenses qui s'annonçaient.

J'ai pourtant vécu avec plaisir ce monde caverneux et sale qu'était le Paris de l'époque mais en rêvant toujours à un autre qui viendrait bientôt tout remplacer, qui n'aurait plus le nom de ville et serait sans doute réglé et libre à la fois. C'était le monde de l'industrie, de la production des objets, qui s'accomplissait, les immeubles devaient devenir des objets. Et le monde du produit écoutait peu à peu le monde du façonné, modelé, du taillé, creusé.

L'idée d'un avenir radieux, solaire, nous habitait, fait de structures, d'objets enfin intelligents, **mais plus jamais de rues, de cours, de creux et de dehors, de choses cachées et sombres.**

Il était normal que le monde du produit rende l'espace inutile.

Cette ville là se fit très vite, et en trente ans, on construisit plus qu'en trois mille.

Le calme revenu, un paysage étrange, complexe, multiple nous apparut.

Rien ne paraissait plus artificiel, schématique, que cette disparition subite de l'idée même du vide, de l'entre-deux. Élargir les espaces entre les bâtiments avait été le cheminement de l'histoire de l'urbanisme, mais avec les objets, l'extension avait été projetée illimitée. La ville qui était perçue et conçue selon ses vides, se manifestait comme l'emplacement d'objets pleins.

Lorsque je fis le concours de la Roquette, c'était un manifeste contre cela. Un commentateur écrivit que je me trompais en croyant que « le vide pouvait encore être une valeur moderne ».

Il y avait donc une théorie induite non écrite, qui obligeait à penser des objets solitaires. C'est notre héritage du siècle. Et l'objet est une sorte de condition positive, incontournable, de l'architecture moderne, une esthétique, un mode de production. Mais cette machine à habiter est toujours introvertie, organisée par un « nécessaire interne ».

Il est vrai que nous vivons moins dehors. L'espace extérieur est surtout cadré par le pare-brise automobile ou l'écran de télévision. Mais poursuivre la ville dans une certaine densité suppose de rapprocher les objets bâtis, et de penser à leur dialogue. C'est là qu'il faut repenser à l'espace, à de nouvelles formes de cour, d'intérieurs à ciel ouvert.

le dedans

**Rue de l'Abbaye, Paris 6e. Dessin de Christian de Portzamparc.**

Les femmes ne se montrent plus au balcon, comme au XIXe siècle. Mais tout le monde n'aspire qu'à sortir. Il faut accueillir à nouveau les habitants dans ce « dehors » de la ville qui est à eux. C'est une résistance incessante contre la logique technique et économique qui règne, et ne programme que des produits qui ont une valeur économique : les bureaux, les logements, les salles de sport ou de conférences etc... Des intérieurs, toujours. Qui donc programmera, pensera, des cours ? Ceux qui font des logements bien sûr. La rue des « Hautes Formes » est par exemple un paysage intérieur pour 200 logements, un enchaînement de cour sur une ruelle. Et si les habitants, d'après les enquêtes, disent y être si bien, c'est grâce à cela, bien sûr. Il y aurait donc là une logique économique tout de même, qui pourrait fonctionner et produire des lieux.

*Christian de Portzamparc, architecte, vit et travaille à Paris.*

Toute une histoire

« Aujourd'hui les architectes surenchérissent de solutions... »

Cour, 136 rue Amelot, Paris 11e.
Daniel Aubert, architecte et sculpteur ; 1781.

# Redans et redents

La cour ouverte

**Henri Bresler**

*Redent* : voir redan.
*Redan* : ouvrage de fortification composé de deux faces qui forment un angle saillant.
— Petit Robert

Les deux manières d'orthographier ce terme d'architecture militaire révèlent une certaine ambiguïté. Faut-il y voir l'ouvrage de fortification ou le vide laissé par les saillies, l'effet d'échancrure exercé sur ce même ouvrage ? Cette double graphie dépendrait-elle du point de vue de l'observateur, de son positionnement du côté de la défense ou de l'attaque, du côté du bâti ou du vide ? L'emploi de ce terme dans le domaine de l'architecture et de l'urbanisme au début du XX$^e$ siècle relève de cette même ambivalence. Il qualifie aussi bien certains types architecturaux – tels, l'immeuble à cour ouverte, l'immeuble à redans ou encore l'hôpital à redans – que le domaine public, tel, le « boulevard à redans » proposé par Eugène Hénard en 1903.

Si aujourd'hui nous préférons le terme de « redan » à celui de « cour ouverte », c'est que nous estimons que celui-ci est générique et, ainsi, désigne tout à la fois les différents types d'immeuble à cour ouverte – en forme de U, de peignes, de plots, de barres – qui verront le jour au cours du XX$^e$ siècle, et l'espace urbain qui les met en rapport avec la ville. Nous ne pouvons pas considérer le dispositif de la cour ouverte comme un simple épiphénomène de l'histoire de l'architecture. Sa particularité, qui la met en étroite relation avec le domaine public, nous autorise à émettre l'hypothèse qu'au-delà de ses aspects formels, programmatiques ou fonctionnels, cette cour ouverte est intimement liée à l'histoire de la ville et aux théories urbaines sous-jacentes.

Il est communément admis que la ville classique est, du fait de son passé moyenâgeux, une ville dense aux îlots plutôt fermés ; et que c'est l'ouverture de cette ville, au cours du XX$^e$ siècle, qui a conduit à sa dislocation. Dans le cas de Paris, dès que nous cherchons, à l'aide de cartes, de dessins et gravures ou encore par l'étude des traces toujours présentes dans la ville, à vérifier cette hypothèse, nous constatons une évolution bien différente. En effet, le Paris classique s'avère être d'abord une ville aux îlots plutôt ouverts dans laquelle figurent un bon nombre d'édifices à cours ouvertes. Ce n'est qu'à partir de la moitié du XVIII$^e$ siècle, et surtout pendant le XIX$^e$ siècle, que la ville aura tendance à se refermer, à se densifier, avant de s'ouvrir à nouveau après Haussmann, et plus particulièrement au cours de notre siècle.

Toute une histoire

### Dans la ville classique

Rares sont les documents des XVIIe et XVIIIe siècles qui présentent le géométral d'une rue permettant de lire l'ensemble du bâti. Certaines vues de Paris gravées par Israël Silvestre[1] en 1662, où se profile le dessin des rues, nous révèlent des constructions hétérogènes. Dans la « Marche des Mareschaux en direction de la place du Carrousel », les rues de Richelieu et Saint-Nicaise sont bordées par les murs de clôture des couvents, par d'imposants portails donnant accès aux cours des hôtels particuliers, par les façades semblables des maisons traditionnelles et celles de quelques maisons à cour ouverte sur rue. Plus tard, cette même diversité est toujours lisible sur le plan dit de Turgot[2]. Devant l'ampleur du territoire à analyser, nous devons, à chaque fois, confronter la réalité de ces cours ouvertes, de ces jardins sur rue, de ces murs de clôture, à leurs situations urbaines spécifiques.

Dans la ville intra-muros, où le bâti dense est plutôt fermé, sont discernables des îlots « languettes » aux maisons traversantes qui présentent leurs dos sous forme de cour ouverte à la rue secondaire. C'est ainsi que, rue Saint-Roch, les façades des maisons sont toutes alignées, alors que les cours ouvertes, fermées par un portail, donnent sur la rue de La Sourdière. De même, au dos de la place des Victoires, sur la rue des Petits-Pères, s'instaure comme l'envers d'un décor une suite de cours étroites ayant plutôt le statut de cour arrière. Il y a ainsi, dans la ville historique, des retournements de situation qui, tels des arrachés, des écorchés, disloquent l'intérieur des îlots et dévoilent un peu de vie quotidienne. Quant aux hôtels particuliers, ils s'installent de préférence dans les nouveaux quartiers privilégiés, comme le Marais ou le faubourg Saint-Germain. Dès lors, les rues, alignent des murs de clôture sur lesquels alternent les avant-corps et les vides intérieurs, laissant transparaître aussi bien les cours d'honneur que les cours de services ou basses-cours, destinées aux écuries et aux remises. Au XVIIIe siècle, pour des raisons d'assainissement, l'abbé Laugier insistera sur la mise en relation de ces basses-cours avec la rue : « il faut se ménager, à côté de la cour principale, une autre cour au moins, pour recevoir toutes les saletés de l'écurie, de la cuisine et de toute la maison ; et il est nécessaire que cette basse-cour ait son issue particulière au dehors ; de là dépend la propreté qui influe infiniment sur la salubrité de l'air. »[3] Le paysage de ces rues aristocratiques s'anime de portails aux ornements plus ou moins riches ; sur la cour d'honneur, deux pavillons, souvent asymétriques, marquent l'entrée, et rachètent la géométrie de la cour par le dessin de la loge du portier, du Suisse ou de l'aide d'office, ou encore du garde-manger.

Au pourtour de la ville, sur la promenade des boulevards réalisée à l'emplacement de l'enceinte de Charles V[4] le tissu est encore plus lâche. Quelques nouvelles constructions, quelques pavillons, alternent avec les grands murs de clôture enserrant les jardins des hôtels qui tournent, cette fois, le dos au boulevard. Sur la promenade plantée, le champ visuel s'élargit grâce aux arbres qui émergent de ces jardins. Il faudra attendre le XIXe siècle pour voir se constituer un réel front bâti. Nous pouvons encore aujourd'hui constater la présence de

---

1. Planches gravées par Israël Silvestre, « Marche des Maréschaux de Camp, et des cinq Quadrilles depuis la grande place derrière l'hostel de Vendosme, jusqu'à l'entrée de l'Amphithéâtre », in Israël Silvestre, *Vues de Paris*, introduction de Jean-Pierre Babelon, Paris, Berger-Levrault, Paris, 1977.

2. *Plan de Paris*, dessiné sous les ordres de Michel-Étienne Turgot, prévôt des marchands, commencé en 1736, achevé de graver en 1739, levé et dessiné par Louis Bretez.

3. Le Père Laugier, de la Compagnie de Jésus, *Essai sur l'Architecture*, Paris, Chez Duchesne, 1755. Réimpression, Bruxelles, Pierre Mardaga, 1979.

4. Louis XIV fait raser en 1670 les remparts de Paris, qui cèdent la place en 1676, aux boulevards.

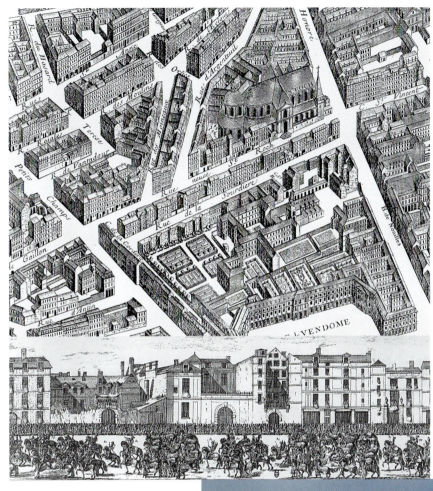

Ci-dessus, de haut en bas :
Plan de Paris, dit de Turgot ; dessiné par Louis Bretez ;
entre 1736 et 1739.

« Marche des Maréschaux de Camp, et des cinq
Quadrilles depuis la grande place derrière l'hostel
de Vendosme, jusqu'à l'entrée de l'Amphithéâtre »,
extrait de *Vues de Paris*, Israël Silvestre.

Ci-contre :
Ensemble de logements, 3-13 rue de la Py, Paris 20ᵉ.
Jean Léonard et Martine Weissmann, architectes ;
Logis Transports, maître d'ouvrage ; 1995.

quelques hôtels édifiés au siècle des Lumières, qui se trouvent en retrait vis-à-vis de l'alignement [5] imposé au siècle dernier. Certains immeubles construits en plein XIX<sup>e</sup> siècle sauront mettre à profit ce léger retrait en proposant des cours ouvertes le long des boulevards.

Dès le XVI<sup>e</sup> siècle, alors que Paris se transforme radicalement en substituant à une « ville en bois » une « ville en pierre », c'est grâce à l'adaptation, pour chaque situation donnée, de types architecturaux définis que se développe l'hétérogénéité du bâti. Les réalisations, qu'elles résultent de lotissements, de recollements de propriétés, ou de simple substitutions, se font parcelle par parcelle, de façon additive. L'édifice à cour ouverte, et plus particulièrement l'hôtel aristocratique, s'inscrit dans cette logique d'ordre typologique.

Dans son ouvrage *Manière de bien bastir pour toutes sortes de personnes* [6], Le Muet a établi, en fonction de la « place » disponible, les différents types de bâti à adopter : maison, hôtel, pavillon. En augmentant progressivement les dimensions de la parcelle en largeur et en longueur, il décline successivement la maison la plus modeste avec sa toute petite cour, la maison bourgeoise parfois à double cour, l'hôtel particulier entre cour et jardin, le pavillon autonome ou, encore, le corps de logis aristocratique flanqué de pavillons. C'est à travers cette gradation qu'apparaît, dans son ouvrage, la « dixième distribution », présentant un type d'hôtel particulier minimal. Dans cette disposition, résultant d'une parcelle peu profonde (64 pieds), la cour se manifeste comme une nécessité permettant d'installer un simple corps de logis ouvrant, à l'arrière, sur un jardin fort étroit.

Avec l'émergence de ce type se constitue le modèle de l'hôtel particulier qui sera opératoire pendant près de deux siècles. Au XVIII<sup>e</sup> siècle, l'ouvrage de Charles-Étienne Briseux, *Architecture moderne ou l'art de bien bâtir pour toutes sortes de personnes* [7], reprendra cette même visée typologique en affirmant plus encore la spécificité et le statut des différents modèles présentés.

### Dans la ville rationnelle

À partir de la deuxième moitié du XVIII<sup>e</sup> siècle, la ville tend à s'homogénéiser. La façade de la maison traditionnelle, qui répète sa même travée hiérarchisée verticalement, règne, cette fois, de façon identique sur la voie publique, que celle-ci soit importante ou secondaire. Au nom de l'assainissement, les cours arrières sur rue tendent à disparaître. Quant à l'hôtel particulier, il se double bien souvent, sur la rue, d'un premier corps de logis, qui vient masquer le véritable hôtel, situé entre cour et jardin.

Plus que jamais, en s'organisant, à l'instar de l'hôtel particulier, à partir d'un dessin géométrique, les cours intérieures des maisons acquièrent un statut spécifique. Parfois, afin de les rendre plus spacieuses, on les regroupe sous forme de cours communes autour d'un même puits. Sur le plan du lotissement de l'hôtel du Prince de Condé (lotissement de l'Odéon), il est possible de reconnaître combien le découpage parcellaire des îlots est tributaire de l'inscription des différentes figures de cours – qu'elles soient communes ou non – à l'intérieur des parcelles. Constatons à quel point cette figure prime sur la forme même de la parcelle [8]. Aussi, c'est par manque de place que la cour d'un des deux immeubles

---

5. Au début du XIX<sup>e</sup> siècle, la largeur des boulevards est fixée à 35 mètres. Cf. Félix Lazare et Louis Lazare, *Dictionnaire administratif et historique des Rues et Monuments de Paris*, deuxième édition, Paris, Au Bureau de la Revue Municipale, 1855.

6. Pierre Le Muet, *Manière de bien bastir pour toutes sortes de personnes*, chez Melchior Tavernier, Paris, 1623. Réimpression avec introduction et notes de Claude Mignot, Aix-en-Provence, éditions Pandore, 1981.

7. Charles-Étienne Briseux, *Architecture moderne ou l'art de bien bâtir pour toutes sortes de personnes…*, Paris, Claude Jombert, 1728.

8. Florence Kohler a démontré dans une étude portant sur « l'immeuble et les lotissements aux XVIII<sup>e</sup> et XIX<sup>e</sup> siècles », combien le dessin de la cour est déterminant pour le découpage parcellaire des lotissements. École d'Architecture de Versailles, 1983.

d'entrée de la rue de l'Odéon se retrouve sur rue, alors que sur la parcelle jumelle, située en face, la cour se retrouve à l'intérieur. De même, à l'angle des rues Amelot et Jean-Pierre-Timbaud, s'édifie une maison tout en longueur, réalisée par l'architecte Aubert[9] ; celle-ci rejette latéralement sa cour principale circulaire qui a pour mission, à la fois de racheter le mitoyen du voisin, l'emprise du bâti et ses cours intérieures, et de répondre tangentiellement à l'exèdre qui élargit, à cet endroit, la voie publique. Dès lors qu'elles se retrouvent sur rue, toutes ces cours domestiques se parent d'attributs aristocratiques et s'ornent de vastes portails.

À la fin du XVIIIe siècle, l'essai d'homogénéisation de la façade urbaine, qui monumentalise la maison ou travestit l'hôtel particulier en maison, correspond à l'affirmation de nouvelles visées théoriques. Les différents projets de Charles de Wailly pour le lotissement de l'hôtel du Prince de Condé[10] peuvent en fournir l'exemple : une des propositions entoure le nouveau Théâtre des Arts d'une façade en retrait doublée d'un vaste portique sur lequel s'érigent des pavillons ; il en résulte des redans assez inattendus, ponctués d'édicules circulaires, dessinés à la manière des monuments chorégiques grecs. Avec sa façade continue et ses constructions qui se découpent dans le ciel, le projet de Charles de Wailly joue à la fois de l'effet monumental et du pittoresque. Quelques années plus tard, le projet de Percier et Fontaine pour la rue de Rivoli[11] tente aussi de rythmer la trop grande longueur de la façade : l'élévation générale de la rue projetée est surmontée de pavillons à l'italienne ; une autre variante proposera tout simplement de découper la façade à l'aide d'avant-corps. Devons-nous considérer toutes ces spéculations comme les prémices de nos redans modernes ?

À vrai dire, au début du XIXe siècle, c'est toute la physionomie de la rue qui se modifie. La nouvelle réglementation[12] sur les retraits d'alignement renvoie à

9. Cf. le mémoire de fin d'études de T. Concko, F. Daguillon, R. Eugène, *De la travée au lotissement – Paris 1770 -1785*. École d'Architecture de Versailles, 1983.

10. Cf. le catalogue rédigé par M. Moser et D. Rabreau, *Charles De Wailly, peintre architecte dans l'Europe des Lumières*, Paris, CNMH, s. d.

11. Cf. le mémoire de fin d'études de Sabine Kubacher, *Imitation et invention dans l'œuvre de Percier et Fontaine*, École d'Architecture de Paris la Villette, s. d.

12. Arrêté du 25 Nivôse an V ; cf. L. J. M. Daubenton, *Codes de la voirie des villes, des bourgs et des villages*, Paris, chez l'auteur, 1836.

Jardin creux dans la ZAC Bercy, Paris 12e.

Toute une histoire

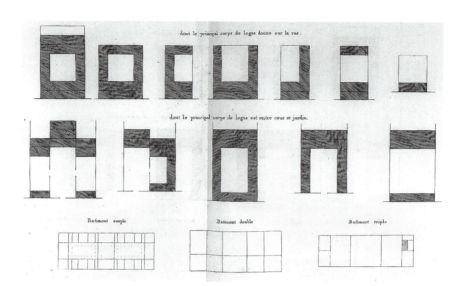

« Diverses dispositions d'édifices particuliers à la ville »,
*Précis des leçons d'architecture données à l'école Polytechnique*, J.N.L. Durand ; 1805.

Le cours Cambronne à Nantes, travaux d'étudiants de l'École d'architecture de Nantes.

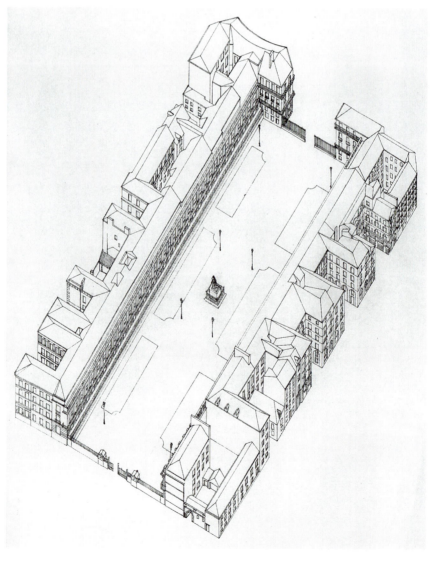

Paris, côté cours

une ville monumentale dans laquelle les effets de masse des édifices participent intégralement au paysage de la rue. Quatremère de Quincy saura mettre en évidence les points de vues pittoresques de cette nouvelle façade urbaine : « Lorsqu'une multitude de rues, bien symétriquement dressées et alignées, ne vous offrent partout que ce mérite uniforme, l'effet en est bientôt usé, et la monotonie vous fait bientôt regretter la variété des plans moins réguliers, si de belles masses d'édifices, si les créations de l'architecture, avec les aspects toujours variés de ses ordonnances, de ses contrastes, ne viennent recréer la vue et intéresser l'esprit. »[13]

Cette vision de la ville bourgeoise, dans laquelle l'architecture fait valoir sa spécificité et son autonomie, s'oppose à celle d'une ville aristocratique alignant, de façon répétitive, les murs de clôture des hôtels particuliers. Quatremère de Quincy condamne d'ailleurs cette disposition: « On a vu d'immenses quartiers de Paris se composer presque entièrement de riches hôtels, qui n'ont pu contribuer à la beauté des aspects dont on parle, et cela fut dû à l'usage de construire les hôtels au fond des cours; en sorte que tout leur effet est nul sur les rues, que bordent uniquement les portes qui donnent entrée dans les cours. »[14]

Devons-nous voir une réponse à cette critique dans la suite des maisons particulières construites au début du XIXe siècle, rue de la Tour des Dames, dans le quartier de la « Nouvelle Athènes » ? Une de ces maisons, construite pour Mademoiselle Duchesnois par l'architecte Constantin[15], présente une cour ouverte réduite à un simple exèdre creusé à même la façade. Ce dispositif, séparé de la rue par des grilles ornant le soubassement et le portail, participe directement au paysage urbain.

Les cours ouvertes bordant l'arrière du cours Cambronne de Nantes présentent quelques similitudes avec cet exemple. Alors qu'au devant du cours est imposée une façade continue[16] (à l'image de celle du Palais-Royal), est opéré à l'arrière, sur les rues Gresset et de l'Héronnière, un découpage parcellaire permettant d'édifier des maisons à cours ouvertes. La maison conçue par l'architecte F. L. Seheult au numéro 8 de la rue de l'Héronnière, est séparée de celle-ci par une grille monumentale laissant pénétrer le regard. Devant nous se dresse la façade d'un immeuble de rêve, où foisonnent les modénatures, les sculptures grecques et romaines rapportées d'un voyage en Italie[17] ; dans la cour, hermès, cariatides et frontons se superposent, à l'instar d'un collage piranésien ; tout s'offre à la vue, comme au fond cet escalier en hémicycle se développant à travers le cadre de scène massif d'un arc en plein-cintre. L'intérêt de cette réalisation est qu'elle se propose comme modèle aux autres parcelles enserrant le cours.

Il est certain que ce modèle n'a pu s'imposer de façon aussi magistrale à Paris. Notons toutefois la maison construite au numéro 5 de la place Saint-Georges par l'architecte Renaud[18], avec son programme mixte d'hôtel et de logements. Légèrement en retrait de la place elliptique du nouveau quartier, s'élève la façade d'un hôtel fortement surchargé d'ornementations et de sculptures de style « troubadour ». À l'arrière, sur la rue Lafferrière (alors simple voie ouverte sans autorisation), se développe autour d'une très vaste cour, la façade plus modeste des logements ; cette cour[19] est fermée, en limite de rue, par les remises et les écuries. Malgré la courbure fortement prononcée de la rue, la géométrie régulière de la cour prime sur la forme complexe de la parcelle.

13. Cf. article « Rue » in Quatremère de Quincy, *Encyclopédie Méthodique – Architecture*, tome 3, Paris, chez Mme Veuve Agasse, 1825.

14. Cf. article « Ville », ibid.

15. Constantin est également un des auteurs de ce lotissement ; cf. J. C. Krafft et Thiollet, *Choix de maisons et d'édifices publics de Paris et ses environs*, Paris, Bance aîné, 1838.

16. Mathurin Crucy élabora le dessin de la façade à élever sur le cours ; cf. le catalogue rédigé par Claude Cosneau, *Mathurin Crucy 1749-1826*, Nantes, ACL, 1986.

17. Cf. F. L. Seheult (orthographié également Schuelt), *Recueil d'architecture dessiné et mesuré en Italie dans les années 1791, 92 et 93*, Paris, chez Bance aîné, 1821.

18. Réalisée en 1841, cette maison est publiée in Normand aîné, *Paris Moderne ou choix de maisons construites dans les nouveaux quartiers de la capitale et dans ses environs*, tome 2, Paris, Normand aîné, 1843.

19. Aujourd'hui, nous pouvons constater que sur l'emplacement de cette cour a été construit au XXe siècle, un immeuble imposant.

Toute une histoire

L'ensemble des exemples présentés correspond bel et bien aux visées théoriques et éminemment pragmatiques énoncées par J.N.L. Durand dans son *Précis des leçons d'architecture données à l'École Polytechnique*[20]. Sur une des planches de cet ouvrage, Durand résume les diverses dispositions des édifices particuliers : d'abord, les exemples d'édifices dont le corps principal donne sur rue, puis ceux dont le corps se retrouvent entre cour et jardin. C'est dans cette seconde catégorie que figure l'édifice en U avec son principal corps de logis en double profondeur et ses deux ailes de retour en simple profondeur. Cette réduction de l'architecture à des schémas typologiques simplifiés ne relève pas uniquement d'intentions pédagogiques ou opératoires mais correspond aussi à des visées esthétiques et à la recherche d'une hétérogénéité de la morphologie urbaine. Durand écrit en ce sens : « Si les maisons particulières […] étaient disposées de la manière la plus convenable à l'état et la fortune de chacun de leurs habitants et par conséquent avaient toutes des masses différentes, une telle ville offrirait le spectacle le plus ravissant et le plus théâtral. »[21]

### Dans la ville haussmannienne

Il est de mise de considérer la rue haussmannienne comme une voie plutôt lisse, régie par l'alignement, et qui déroule ses bandeaux et balcons horizontaux vers un point de fuite infini. Certes, cette image s'impose sur l'ensemble des percées ; mais dès que nous interrogeons d'autres réalités urbaines, dès que la règle arrive à s'affranchir de son carcan, il s'avère possible de déceler certains dispositifs qui semblent contradictoires et dans lesquels se matérialise la présence de cours ouvertes.

Observons les deux opérations de lotissement : celle de la place de l'Étoile et celle de l'Église de la Trinité, dont les cours des immeubles s'ouvrent sur la rue. Autour de la place de l'Étoile, afin de transformer le carrefour champêtre en rond-point urbain[22], le Baron Haussmann propose d'édifier de riches maisons toutes identiques. Celles-ci présentent sur la place un espace *non aedificandi* sous forme de jardin entouré de grilles et, à l'arrière, des cours ouvrant sur les nouvelles rues semi-circulaires : les rues de Tilsitt et de Presbourg. Comme l'explique, dans ses *Mémoires*[23], le Baron Haussmann, les nouvelles percées qui aboutissent sur l'Arc de Triomphe ont été entièrement conçues en fonction du positionnement de ces maisons, qu'elles soient simples ou doubles. Il en résulte des « immeubles-îlots » dont tous les éléments sont visibles à partir du domaine public : jardins, bâti, cours.

L'opération de l'Église de la Trinité implique, quant à elle, le nivellement du terrain disponible entre la rue de Clichy et la rue Blanche. Confiée à l'architecte Théodore Ballu, cette réalisation fort complexe articule tout à la fois un square, une place et des maisons d'habitation. Celles-ci s'alignent le long de l'église en ouvrant leurs cours sur les nouvelles voies de desserte. Écoutons le Baron Haussmann décrire ce projet : « Je voulais, en effet, une Église moderne, commode, élégante, avec un porche permettant de descendre de voiture à l'abri, devant la porte principale, que surmonterait le clocher ; ce porche devrait s'encadrer en perspective dans la largeur de la rue de la Chaussée-d'Antin

---

20. J.N.L. Durand, *Précis des Leçons d'Architecture données à l'École Polytechnique*, Tome 2, Paris, chez l'auteur, an XIII (1805).

21. *Ibid.*

22. Le projet d'aménagement de le place de l'Étoile est publié dans : Wacquer, *Maisons les plus remarquables de Paris*, Paris, A. Lévy éditeur, 1870 et Adolphe Alphand, *Les Promenades de Paris ; Histoire, descriptions et embellissement…*, Paris, Rothschild éditeur, 1867-73.

23. Baron Haussmann, *Mémoires du Baron Haussmann. Grands Travaux de Paris*, tome III, Paris, Victor-Havard éditeur, 1893.

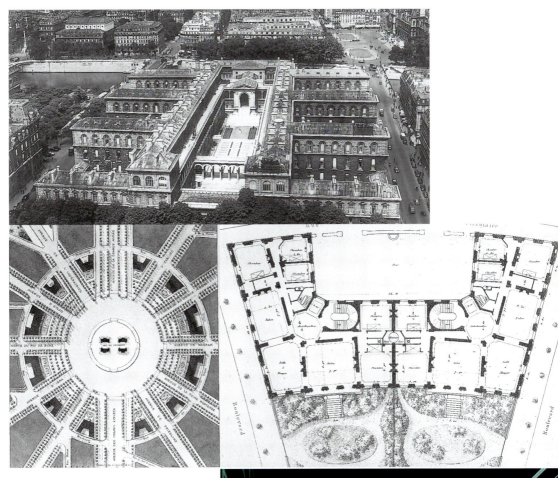

De haut en bas et de gauche à droite :
L'Hôpital de l'Hôtel-Dieu, Paris 1er. Jacques Gilbert, puis Stanislas Diet, architectes ; 1864/1877.

« La place de l'Étoile », dans Les promenades de Paris, Adolphe Alphand ; Rothschild éditeur ; 1867/1873.

Plan d'un hôtel particulier de la place de l'Étoile, Rohault de Fleury, architecte ;
dans Maisons les plus remarquables de Paris, Wacquer ; Paris, A. Levy, éditeur ; 1870.

Résidence pour personnes âgées, 16-20 rue de l'Orillon, Paris 11e.
Architecture Studio, architectes ;
Le logement français, maître d'ouvrage ; 1996.

(14 mètres). [...] Des rampes carrossables bordées de balustrades, donneraient accès au porche, et entre elles, on établirait un square pour assainir l'air du quartier, avec une cascade pour en animer l'aspect. Enfin, les terrains disponibles, après l'ouverture des rues d'isolement de l'église, seraient vendus avec obligation d'y construire des maisons d'un modèle déterminé, dont les lignes principales se raccorderaient avec celles du monument religieux. »[24] Et à Haussmann d'ajouter, afin d'apparaître comme le véritable concepteur du projet : « Je remis à M. Ballu un croquis de la silhouette que le tout devait avoir pour répondre à mon idée. Après la rédaction de son projet, il en fit une maquette en plâtre qui me donna toute satisfaction. »[25]

Nous sommes en présence d'un morceau de ville dont le projet est soumis intégralement au monument. Sur le square, afin de s'aligner avec l'arcature horizontale de la façade de l'église, les balcons des maisons se retrouvent non pas au cinquième mais au quatrième étage. Latéralement, les cours ouvertes font le contrepoint à la masse imposante du monument et permettent de dégager les vues. Au chevet de l'église, du fait de la topographie, la nouvelle rue de la Trinité présente, dans sa partie septentrionale, un fort soubassement sur lequel s'étale la végétation des cours arrières des immeubles et de l'école. Ainsi, tout le pourtour de l'église offre des ouvertures potentielles : squares, cours ou jardins privés.

Dans ces deux exemples, nous remarquons combien, au-delà de la soumission de l'architecture domestique au monument, l'ensemble du domaine public intègre la monumentalité. Il s'opère alors un véritable changement d'échelle, qui démontre combien certaines visées haussmanniennes s'avèrent être prospectives en métamorphosant la ville traditionnelle en ville plantée, en ville promenade aux îlots ouverts.

La monumentalité de la ville est encore plus flagrante lorsqu'il s'agit d'édifices publics. Certains exemples construits sous le Second Empire, comme les écoles, les casernes, les hôpitaux, développent en effet de façon exemplaire le principe de la cour ouverte en imposant sa présence en raison d'un discours hygiéniste.

À ce titre, l'hôpital représente l'édifice se prêtant le mieux à toutes les spéculations. L'Hôtel Dieu, construit par A. S. Diet, saura réinterpréter les modèles conçus par Poyet, Durand ou Gilbert. Sa composition demeure des plus traditionnelles : des pavillons, disposés symétriquement autour d'une cour centrale, alternent, sur rue, avec des cours ouvertes vouées à la promenade. Cet hôpital, qui doit s'inscrire dans la nouvelle cité administrative, devra faire prévaloir toute sa monumentalité en imposant des murs pignons et un haut soubassement. Devons-nous y voir les raisons qui ont conduit son auteur à réaliser un programme de 800 lits nécessitant des pavillons de quatre niveaux ? La Commission médicale, réunie en 1871, déclara : « Le nouvel Hôtel Dieu, tel qu'il a été construit, offre des dispositions absolument contraires aux principes fondamentaux de l'hygiène hospitalière. »[26] Déclarant la surface des cours insuffisante au regard de la hauteur du bâti, le conseil municipal, au grand dam d'Haussmann, arasa les deux niveaux supérieurs de l'hôpital, diminuant ainsi sa capacité d'accueil de moitié.

24. *Ibid.*

25. *Ibid.*

26. Extrait du journal des débats du 13 janvier 1872 ; cité par Maxime Du Camp, *Paris, ses organes, ses fonctions et sa vie*, tome IV, Paris, Librairie Hachette et Cie, 1875.

Cette simple anecdote démontre le dilemme de la cour ouverte : participe-t-elle, en imposant toute sa monumentalité, de l'architecture ? Ou est-elle plutôt l'expression des visées hygiénistes? Comme nous le démontre l'ouvrage de L. Borne [27] sur la *Construction des hôpitaux*, les points de vues des hygiénistes vont finir par l'emporter. L'hôpital devra se plier aux caprices de l'axe héliotropique, réduire ses pavillons à l'aide de redans ou opter pour des barres mono-orientées, annonçant les propositions urbaines d'A. Rey, J. Pidoux et C. Barde.[28]

### Dans la ville pittoresque

À la fin du XIXe siècle, en réaction à l'haussmannisme, se développe une vision pittoresque de la ville. Les façades surenchérissent d'encorbellements, de *bow-windows*, de tourelles, de « poivrières ». La prolifération des effets stylistiques, des décorations, des matériaux, qui tend à soumettre la ville toute entière à la stratégie du regard, modifie le paysage urbain. C'est dans ce contexte que seront promulguées différentes réglementations urbaines : celle de 1882-1884, qui permet quelques encorbellements et l'utilisation d'un arc de cercle en couronnement du gabarit urbain ; celle de 1902, établi par l'architecte Louis Bonnier, qui autorise cette fois des encorbellements sur un tiers de la façade et un gabarit limité dans sa partie supérieure par une ligne à 45 degrés, et qui admet la possibilité d'un retrait d'alignement en vue d'augmenter la hauteur des constructions.

L'ensemble de ces textes s'attacheront aussi à réglementer les lieux mêmes de la domesticité. En 1902, la surface des cours intérieures est définie à la fois par la hauteur maximale du gabarit sur cour autorisé et en fonction de l'usage du type de pièces qui s'ouvrent sur elles : pièces principales ou cuisines. La surface des courettes, qui ne peuvent donner le jour qu'aux WC et salles de bain, est aussi réglementée ; par contre, étant considérées comme des pièces ouvertes à l'intérieur du bâti, celles-ci ne sont soumises à aucun gabarit.

L'immeuble construit en 1903, au 25 bis rue Franklin par Auguste Perret [29], a su tirer parti de cette dernière réglementation. En décidant de disposer sur rue toutes les pièces principales ainsi que la cuisine, et de ne positionner à l'arrière, autour d'une courette, que les escaliers, l'ascenseur, les W-C et la salle de bain, l'architecte réalise un immeuble d'une densité exceptionnelle, s'élançant, avec ses neuf étages, à l'assaut du gabarit sur rue. Afin d'ouvrir toutes les pièces sur les 16 mètres de façade, Perret creuse celle-ci à l'aide d'une cour ouverte et déploie, de part et d'autre, des *bow-windows*.

Ce dispositif modifie le rapport qu'entretient l'immeuble avec l'îlot. Cet immeuble joue d'un effet d'inversion : il rejette la cour sur la rue (ce qui n'est pas nouveau) mais, surtout, déplace les courettes latérales des immeubles traditionnels en une seule et même courette ouvrant à l'arrière sur la cour du voisin. Aussi pouvons nous affirmer que l'immeuble de la rue Franklin, en tournant le dos aux constructions mitoyennes, tente de s'affranchir de l'îlot. De plus, en portant en lui les germes d'une architecture autonome, il s'inscrit dans la dynamique de l'évolution même des types de l'architecture domestique ; plus tard, ce sera la façade qui se substituera à la cour, et la VMC [30] à la courette…

Parallèlement à cette réalisation, constatons combien les écrits d'Eugène

---

27. L. Borne, *Études et documents sur la constructions des Hôpitaux*, Paris, Aulanier et Cie éditeur, s.d., *c.* 1900.

28. Augustin Rey, Justin Pidoux, Charles Barde, *La Science des plans de villes*, Payot et Cie et Dunod, Lausanne et Paris, s. d., c. 1930.

29. Cf. l'article d'Henri Bresler, « Finestre su corte », *Rassegna*, Milan, 28/4, décembre 1986, numéro consacré à l'immeuble de Perret, 25 bis rue Franklin.

30. Ventilation mécanique contrôlée.

Toute une histoire

Ci-dessus, de haut en bas : **Immeuble de logements, passage de Flandre, Paris 19e.**
**Yves Lion, architecte. RIVP, maître d'ouvrage ; 1985.**
**« Projet d'un boulevard à redans », dans *Études sur les transformations de Paris*, Eugène Hénard, 1903.**
Ci-dessous : **Immeuble de logements, 5 rue de Bellièvre, Paris 13e.**
**Fabrice Dusapin et François Leclercq, architectes ; Habitat Social Français, maître d'ouvrage ; 1987.**

Hénard apparaissent aussi prémonitoires de la transformation de la ville. Sa proposition de « boulevard à redans », situé à l'emplacement des fortifications, démontre qu'il s'agit non seulement d'introduire l'air et la lumière à l'intérieur des appartements, mais surtout de développer un véritable boulevard dont les jardins privés participent intégralement du paysage urbain. Quant à sa variante proposant des alignements brisés et des redans obliques, elle permet d'implanter des arbres à même le domaine public sans toutefois entraver le passage sur les trottoirs. Hénard cherche à imposer tout son système à l'ensemble de la ville : « Ce principe d'alignement brisé s'appliquerait également aux rues plus étroites dénudées d'arbres. Dans ce dernier cas, on pourrait se contenter de mouvementer sous un angle plus ou moins obtus le développement des façades. »[31] Et il poursuit : « Du principe fécond de l'alignement brisé naîtraient des villes nouvelles dans lesquelles l'odieuse monotonie des murailles serait définitivement rompue. Les architectures se développeraient dans toute la longueur des voies publiques, suivant un rythme plus souple et plus pittoresque. »[32]

Nous voilà en présence d'un projet global qui, à partir d'une logique de cours ouvertes, instaure une nouvelle vision urbaine. Là encore l'architecture est à la recherche de son autonomie potentielle : la mitoyenneté des immeubles n'est qu'un prétexte permettant d'identifier chaque unité en la travestissant d'effets stylistiques particuliers ; mais dès que le nouveau boulevard se confronte aux espaces plantés prestigieux, comme le bois de Boulogne ou le bois de Vincennes, la trame extérieure se disloque en faisant apparaître une succession d'immeubles en U indépendants, ponctués de quelques pavillons, précurseurs de nos « plots » contemporains.

### Dans la nouvelle métropole

En ce début de siècle, les habitations philanthropiques, patronales ou à bon marché[33] sauront prendre en considération certaines de ces visées utopiques. Il s'agit non seulement de rendre ces habitations plus hygiéniques en faisant circuler l'air et pénétrer la lumière dans les logements, mais aussi de développer une nouvelle image d'habitat collectif. Du fait de leur importance physique, ces édifices se réfèrent souvent au modèle de l'hôtel aristocratique, en adoptant une cour distributive des escaliers, séparée de la rue par un vaste portail sur lequel figure le nom de la fondation.

L'hôtel populaire pour homme de la rue de Charonne, conçu par C. Longerey et A. Labussière, ponctue ses deux façades en retrait de pavillons en redans ; cependant ce dispositif ne peut atténuer l'effet carcéral de l'architecture.

Quant aux Habitations à Bon Marché du square Delambre, elles reproduisent, en réduction, le plan de l'hôpital : de part et d'autre d'une vaste cour engazonnée, s'alignent perpendiculairement des constructions dont les cours donnent sur l'espace intérieur. Nombreuses sont alors les réalisations qui adoptent ce dispositif de « cours ouvertes sur cour ».

Ce sera surtout dans le cadre des concours, et plus particulièrement dans ceux de la Fondation Rothschild, que s'expérimenteront les solutions les plus novatrices. Dès 1905, Tony Garnier conçoit, dans un îlot trapézoïdal de la rue de

31. fascicule édité en 1903 d'Eugène Hénard sur « Les alignements brisés. La question des fortifications et le boulevard de Grande-Ceinture. » ; les fascicules ont été réunis dans, Eugène Hénard, *Études sur les transformations de Paris*, présentation de Jean-Louis Cohen, Paris, L'Équerre, 1982.

32. *Ibid.*

33. Cf. Charles Lucas et Will Darvillé, *Les Habitations à Bon Marché en France et à l'étranger*, nouvelle édition mise à jour, Paris, Librairie de la Construction Moderne, 1917.

Prague[34], un ensemble de logements sous forme d'un « X » déployé, dont la limite avec le domaine public est marquée par des suites de boutiques à rez-de-chaussée. Dans l'ensemble de ces concours, il s'agit, en général, de redécouper des îlots plutôt triangulaires en y ménageant autant de cours ouvertes, de cours intérieures, de jardins et en y intégrant quelques nouveaux équipements : bains, lavoirs, jardins d'enfants… Les architectes rivalisent de solutions[35] en considérant bien souvent l'assiette de cet îlot comme support à la composition architecturale. Nourris de doctrines beaux-arts, ils proposent un « parti » qui focalise, au centre, un espace collectif ouvert et qui entoure la périphérie d'édifices plus ou moins discontinus ; tout le savoir-faire consiste à donner à cet ensemble une image unitaire.

Si les cours ouvertes ont pu, en ce début de siècle, s'imposer avec autant de facilité, c'est parce que le statut de la cour traditionnelle a totalement changé. Il est certain qu'avant même l'arrivée de l'automobile, la disparition des remises et des écuries, mais aussi d'activités artisanales, a complètement transformé l'usage de la cour, et qu'ainsi libérée elle est devenue uniquement le lieu de reconnaissance du statut social de ses habitants.

Déjà, sous Napoléon III, des voix s'élèvent pour dénoncer son aspect totalement sordide : « La cour est un entonnoir ténébreux hanté par des exhalaisons pestilentielles qui tiennent lieu d'atmosphère et où j'ai vu plus d'une fois gracieusement adossés, la pompe des locataires et… le cabinet intime du portier. »[36] Même constat, quelques décennies plus tard, dans des ouvrages hygiénistes : « La cour fermée, limitée de toute part à de hauts murs d'immeubles, est un puits dont l'air stagnant mérite bien le nom de marécage aérien, plus malsain qu'un marécage, car le soleil n'en atteint jamais le fond. C'est là pourtant que l'on prend l'air… pur pour le calorifère ou pour les ventilations. Plus condamnable encore, la courette est une sentine où, dans un demi-jour, s'ouvrent les cuisines et les WC, avec leurs odeurs tandis que l'on y aère les garde-manger, sur lesquels d'ailleurs on secoue les tapis. »[37] Afin d'aérer et de ventiler à la fois la cour et les bâtiments construits en cœur d'îlot, E. Marcotte, auteur de ce texte, préconise de réduire la hauteur de l'édifice sur rue ou même de le supprimer.

La nouvelle cour, qui s'impose dès lors dans le logement social, va finir, en intégrant ces visées hygiénistes, par se banaliser à son tour. La cour devient un simple lieu de passage permettant de distribuer les cages d'escalier, sous le regard « panoptique » du portier. Cet espace ouvert à tous vents ne permet guère de créer des lieux de convivialité ; les aires de jeux, bien que dessinées sur le plan, se retrouvent soumises au contrôle social des habitants. Trop souvent, ces nouveaux espaces vides se résument à n'être que le corollaire obligé du bâti.

### Dans la ville moderne

Avec le déclassement des fortifications, avec la libération de certaines « friches » des quartiers périphériques, les opérations d'Habitations à Bon Marché prennent un telle ampleur qu'elles s'imposent comme de véritables « projets urbains ». Chaque réalisation s'inscrit comme une entité qui doit établir son propre rapport avec le contexte environnant. Sur chaque site, il s'avère nécessaire de reconsidérer la composition d'ensemble et d'adopter une

34. Projet publié dans *La Construction Moderne*, année 1907, pp. 112, 113.

35. Cf. les croquis établis à partir des réponses des différents concurrents, *in* « Les concours de la Fondation Rothschild », *La Construction Moderne*, année 1905, pp. 339 et 483.

36. Victor Fournel, *Paris Nouveau et Paris Futur*, (2ᵉ édition), Paris, Lecoffre fils et Cⁱᵉ, 1868.

37. E. Marcotte, *L'Art de bâtir une maison agréable et saine*, Paris et Liège, librairie polytechnique Ch. Béranger, 1930.

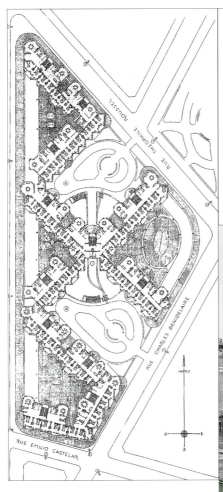

De haut en bas et de gauche à droite :

Projet de Tony Garnier, architecte, pour le concours d'un ensemble de logements de la Fondation Rothschild, rue de Prague, Paris 12e. 1905. Dans *La construction moderne*, 1907.

Propositions d'agencement de l'îlot, concours pour la Fondation Rothschild, rue de Prague, Paris 12e. 1905.

« L'Hôtel populaire pour Hommes », (devenu en 1926 le « Palais de la femme »), 94 rue de Charonne, Paris 11e. Pour le Groupe des Maisons Ouvrières ; A. Labussière et C. Longerey, architectes ; 1912. Dans *Grandes constructions à loyers économiques*, G. Lefol, Paris, Ch. Massin, s. d.

Immeuble de logements, rue Léon Bollée, Paris 13e. Ausia : M. Benoît, Th. Verbiest, architectes ; RIVP, maître d'ouvrage ; 1992.

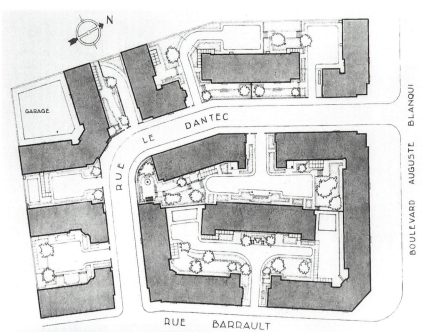

De haut en bas et de gauche à droite :
Plan du groupe d'immeuble à loyers moyens,
75-87 boulevard Blanqui et 4 bis rue Barrault, Paris 13e.
OPHVP ; 1937.

Cour ouverte sur le groupe de la rue Barrault, Paris 13e.

Immeuble d'habitation, 63 et 65 rue de l'Amiral-Roussin,
Paris 15e. Labussière , architecte ; Groupe de Maisons
Ouvrières, maître d'ouvrage ; 1907.
Dans *Grandes constructions à loyers économiques*,
G. Lefol, Paris, Ch. Massin, s. d.

Paris, côté cours

partition spécifique du bâti et des cours, souvent de façon emphatique comme nous pouvons le constater dans les exemples qui suivent.

Le terrain occupé par les Immeubles à Loyers Modérés réalisés à l'angle du boulevard Blanqui et de la rue Barrault[38] est recoupé par une rue en équerre, la rue Le Dantec, créée dans le but d'assurer une meilleure distribution de l'ensemble. Compte tenu de la forte déclivité du site, le projet est entrecoupé de cours ouvertes, d'impasses, de jardins qui se glissent le long des mitoyens, offrant des assises potentielles aux constructions. Tout en proposant des façades identiques, l'architecture se disloque sous forme de blocs autonomes dont les soubassements ont pour mission d'encaisser au mieux cette topographie particulière.

Le très vaste square Saint-Lambert réalisé sur le terrain de l'ancienne usine à gaz de Vaugirard, est bordé, sur trois côtés, d'immeubles identiques à cours ouvertes et, sur le quatrième, par le Lycée Camille Sée[39] dont l'imposante cour s'ouvre également sur le square. Cette composition d'ensemble, qui agrandit le champ visuel vers la périphérie, crée un effet d'osmose entre ce magnifique jardin et l'architecture qui l'entoure.

Sur les boulevards des Maréchaux, l'hétérogénéité est de mise. Chaque concepteur redécoupe son opération à l'aide de rues intérieures parallèles, perpendiculaires ou en diagonales au boulevard. À chacun d'élaborer ses types spécifiques : en forme de U, de redan, de barre, de peigne. Ainsi, entre les portes de Vanves et de Châtillon, les façades du boulevard Brune présentent un front plutôt continu alors qu'à l'arrière, au sud, les immeubles s'ouvrent en peigne comme si, métaphoriquement, ils devaient tendre les bras vers la banlieue.

Lorsque nous interrogeons l'ensemble de ces opérations, nous constatons que celles-ci, à chaque fois, cherchent à intégrer différents types d'espaces urbains, publics ou privés, qui se réfèrent aux passages, impasses, cités, cours, villas, hameaux, squares[40]…, comme si la cour ouverte traditionnelle ne pouvait à elle seule assumer l'ouverture qui s'opère à l'intérieur de l'îlot.[41]

### Vers la ville radieuse

Certains architectes et urbanistes critiquent cette ville mimétique et radicalisent leur propos en préconisant de se libérer de la contrainte des îlots.

L'Unité d'Habitation, projetée par Le Corbusier sur le bastion Kellermann pour être présentée comme chantier expérimental à l'Exposition Internationale de 1937, s'affranchit de la continuité du boulevard des Maréchaux en affirmant toute son autonomie. Sur le bastion volontairement conservé comme dernier vestige de l'enceinte de Thiers, Le Corbusier dresse un immeuble étendard dont le plan reprend celui du gratte-ciel cartésien en forme de « patte de poule ». Constatons cependant qu'il agrémente la surface de ce « bastion soubassement » de jardins pouvant s'apparenter à quelques cours ouvertes. Plus spectaculaire encore, son projet pour l'îlot insalubre n° 6, sur lequel se développent des barres de logements qui, se pliant à la configuration du terrain, réalisent des redans à très grande échelle dans lesquels s'inscrivent les jardins et les équipements. Et ce nouveau morceau de ville, entièrement libre, se confronte volontairement à la ville historique.[42]

38. Cf. le magnifique ouvrage anonyme, *L'Office Public d'Habitations de la ville de Paris – 1937*, Paris, imprimé par Draeger frères, 1937.

39. Lycée réalisé en 1934 par l'architecte François Le Cœur ; cf. l'article de G. Michau, « L'œuvre de François Le Cœur », *L'Architecture d'Aujourd'hui*, n°10, décembre 1934.

40. Actuellement Cristina Mazzoni prépare une thèse de doctorat sur le thème de « la cour ouverte dans les HBM du début du siècle ».

41. Trop souvent ces termes sont employés de façon emphatique. Aussi, est-ce par abus de langage que l'étroite voie privée donnant sur la rue Mouffetard est dénommée « square » Vermenouze, alors qu'elle mesure 8 mètres de large et dessert des logements sociaux de sept étages.

42. Cf. ces deux projets *in*, Le Corbusier, *Le Corbusier & P. Jeanneret Œuvre Complète 1934-1938*, Zurich, éd. Dr. H. Girsberger, 1939.

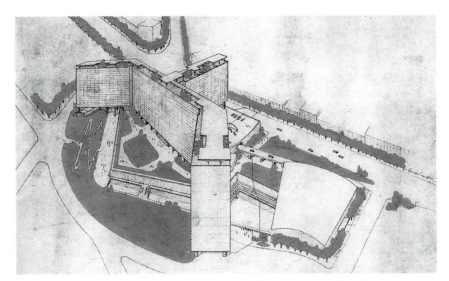

Le projet du Bastion Kellermann, « Gratte-ciel cartésien en forme de patte de poule », Paris 13e.
Le Corbusier, architecte ; 1934/1935.

43. A. Rey, J. Pidoux et Ch. Barde, *op.cit.*

Quant à Augustin Rey, Justin Pidoux et Charles Barde [43] ils proposent tout simplement de raser des îlots entiers des quartiers périphériques afin d'y implanter des barres autonomes et mono-orientées en fonction de l'axe héliotropique !

Avec ces quelques exemples, nous sommes en mesure de saisir comment certaines visées théoriques ont pu conduire d'une dilution de la cour dans l'îlot à celle de l'îlot dans la ville.

Toutefois la ville des années trente a su échapper à toutes ces visées hégémoniques ; elle a su intégrer bon nombre d'immeubles bourgeois qui, à l'exemple de Perret ou d'Hénard, ont adopté un dispositif de cour ouverte [44]. Les architectes rivalisent alors d'ingéniosité : soit en la disposant à même la rue, tel L. J. Madeline, rue Falguière, ou Raguenet et Maillard, rue de Varennes ; soit en la faisant démarrer à partir du premier étage, tel Pol Abraham, boulevard Raspail, ou Marcel Macary, rue de l'Étoile. En instaurant une figure préconçue du bâti, ces propositions révèlent une façon particulière de se raccorder aux parcelles mitoyennes et à l'îlot ; de fait, elles s'affranchissent des types consacrés de la ville traditionnelle.

44. Cf. la recherche de J.-C. Garcias, J.-J. Treuttel et J. Treuttel, *Immeubles de rapport des années trente à Paris – Un type mort né : la cour ouverte*, Nantes, CERMA, 1986.

L'opération de logements construite par Faure-Dujarric sur un terrain de la colline de Saint-Cloud se présente comme l'aboutissement de ces démarches spéculatives : trois « barres » d'appartements bourgeois, disposés au pourtour d'un magnifique jardin collectif, ouvrent leurs vues sur la Seine. Ce projet change globalement l'échelle de référence en métamorphosant cette opération en véritable « résidence ». Ce changement de statut de l'espace intérieur, qui se donne à voir de la façon la plus ostentatoire, nous permet de saisir le phénomène de totale ouverture de l'îlot [45] qui s'opère dès lors.

45. Déjà en 1922, avec son projet d'« immeubles-villas » Le Corbusier propose un « immeuble-îlot entourant une vaste cour réservée aux sports et ouverte sur les deux rues latérales.

### En quête d'une certaine urbanité

La grande rupture ne s'effectue qu'après la seconde guerre mondiale, avec les grands ensembles qui ont bien du mal à définir un statut propre aux espaces d'accompagnement qu'ils génèrent. À Paris, ce sont plus particulièrement les quartiers périphériques qui feront l'objet de rénovations redoutables.

Vue de Paris, allée Louise-Labé, Paris 19e.

Il faudra attendre les années soixante-dix pour que soit remis à l'honneur un discours sur la ville prônant une certaine urbanité[46]. À partir de ce moment, la crise aidant, l'échelle d'intervention change. Il faudra dès lors, en tenant compte de la ville historique, se greffer sur l'existant, savoir réinvestir une parcelle, se glisser dans une « dent creuse », occuper la traversée d'un îlot.

Dans cette quête, de nombreux projets réactualiseront, à leur manière, les types traditionnels. L'immeuble des Hautes-Formes, réalisé par de Portzamparc et Benamo en 1979, témoigne de cette prise de conscience. En restituant, à l'intérieur du domaine privé, des éléments empruntés à la ville : une rue, une place, des cours, ce projet renoue avec la tradition des HBM des années trente. Dans le projet de la rue Saint-Fargeau, les architectes de la Saura (Castex, Panerai et Payeur) proposent des cours ouvertes sur rue, démontrant ainsi l'impossibilité d'introduire une simple cour à l'intérieur de la bande constructible des vingt mètres définie par la réglementation.

Aujourd'hui, les architectes surenchérissent de solutions architecturales afin de lier cette cour avec le bâti. Sur le boulevard de Belleville, pour signaler l'entrée de la cour, Borel stratifie verticalement la façade et développe, en couronnement, des jeux volumétriques complexes. Dusapin et Leclercq disloquent en deux parties l'immeuble de la rue Bellièvre pour les relier horizontalement par des coursives qui laissent entrevoir le fond de la parcelle. Montes, rue Ramponneau, anime, et de façon monumentale, l'entrée de son immeuble à l'aide d'une cour ronde que prolonge un passage.

Dans le discours actuel, on tente d'effacer la notion même de « cour » pour lui substituer des termes métaphoriques, tels que : « échancrure », « cassure », « fracture »…, « faille » !

Les opérations de ZAC parisiennes, réalisées le plus souvent sur des friches industrielles d'une certaine importance, induisent une nouvelle échelle d'intervention. Après quelques essais infructueux, la ZAC s'est en quelque sorte assagie : elle a fini par trouver ses points d'ancrage avec les réseaux existants de voirie, et elle a su découper l'ensemble du terrain sous forme d'unités d'opéra-

46. Ce terme qui trouve son origine dans « la gestion de la cité », signifie « la politesse » ; à partir des années soixante-dix, il est utilisé pour désigner « ce qui à trait à la ville ».

Toute une histoire

tion s'apparentant, de nouveau, à des îlots. C'est dans ce contexte que nous pouvons, à l'heure actuelle, déceler des passages, des redans, des cours ouvertes qui, malgré tout, affirment le plus souvent la perméabilité de l'îlot.

Consciemment ou non, ces nouveaux projets se nourrissent tous de théories urbaines énoncées depuis plus d'un demi-siècle. La théorie de l'îlot ouvert, aux multiples redans, aux barres autonomes, a été formulée dès les années trente dans de nombreuses revues : ainsi sont encore d'actualité les propositions de Léon Bailly[47] ou de J. C. Moreux diffusées par l'*Architecture d'Aujourd'hui* ; tout comme certains articles de ce dernier sur l'aménagement des villes[48] ou de Robert Auzelle[49] sur la rénovation des quartiers insalubres qui démontrent une volonté de rendre visible, depuis la rue, le cœur même des îlots transformés en jardins.

Comment ne pas voir, dans les ZAC actuelles, comme un condensé de ville dont la composition repose sur un trop-plein d'espaces ouverts totalement introvertis ? Tout est à voir, tout se donne à voir à travers les cheminements intérieurs et la promenade…

Constatons toutefois que certains fragments d'architecture arrivent à constituer des limites tangibles. Grâce à la coordination de J. P. Buffi, la composition architecturale du front bâti du parc de Bercy repose sur la variation d'un type d'immeuble à cour ouverte saturée en façade par deux immeubles contigus. De même, dans la ZAC de Reuilly[50], la présence des plots sur la rue Vivaldi réalise un fragment urbain qui tend à requalifier aussi bien les cours intérieures que le mail extérieur. Ces deux opérations démontrent combien la notion d'urbanité est intimement liée à celle de « limite »[51]. Aussi serait-il vain de vouloir, comme le préconisent certains, ouvrir l'ensemble des îlots pour accéder à quelque « troisième ville » dont les architectures, telles les pièces d'un jeu d'échec sur un échiquier, se présentent comme de purs objets de délectation… Comment préserver, à l'ombre de la cour ouverte, un tant soit peu de lieux intimes, de lieux secrets ? •

47. Cf. le projet de Léon Bailly dans « L'architecture en France - Salon d'Automne », *L'Architecture d'Aujourd'hui*, n° 9, décembre 1931.

48. Cf. l'article de J.-C. Moreux, « Quelques considérations sur l'aménagement des villes », dans *L'Illustration*, « Construire », 24 mai 1941.

49. Cf. l'article de Robert Auzelle, dans *Destinées de Paris*, Paris, Les éditions du Chêne, 1943.

50. Roland Schweitzer est architecte-coordinateur de la ZAC de Reuilly.

51. Dans son mémoire de DEA, *Logiques d'acteurs et enjeu de la forme urbaine*, Caroline Gerber démontre combien, dans le cadre des ZAC, ces « limites », correspondent aux enjeux de négociations entre les différents acteurs. École d'Architecture de Paris-Belleville, 1996.

> *Cloisonnements : la ville*
> *Est toujours un conflit*
> *Entre l'ouvert et le fermé,*
>
> *Entre le besoin d'espace*
> *Et le refus de l'espace.*
>
> *Le comprimer, le dilater,*
> *Garder pour son usage*
> *Un volume d'espace,*
>
> *Endormir l'excédent,*
> *Jusqu'à plus tard.*
>
> Guillevic[52].

52. Guillevic, *Ville*, Paris, Gallimard, 1969.

*Henri Bresler est architecte, professeur à l'École d'architecture de Paris-Tolbiac et au DEA « Le projet architectural et urbain, théories et dispositifs » à l'École d'architecture de Paris-Belleville. Chercheur au LADRHAUS de l'École d'architecture de Versailles.*

Logements de la Poste, 30 rue Boinod, Paris 18e. Jean-Claude Delorme, architecte ; Ministère des Postes, des Télécommunications et de l'Espace, SA d'HLM Toit et Joie, maîtres d'ouvrage ; 1994.

« Fenêtre urbaine », dans la ZAC Bercy, Paris 12e.

## L'ailanthe Éloge d'un mauvais sujet

**Pierre Gangnet**

Sacha Guitry : « Être parisien, ah comme c'est difficile ! Il ne suffit pas d'être né à Paris, il faut en être ! »
S'il est un arbre qui en est, de Paris, c'est bien celui-là, intégré d'on ne sait plus quelle heure. Assimilé.
Oublié le vernis du Japon, abandonnée la famille latine, l'*ailanthus altissima* des origines. Vagabond de toutes les cours, colonisateur bienveillant, parisianné comme pas deux, très peu représenté à Bar-le-Duc, toléré à Neuilly.
L'ailanthe porte beau avec sa « ramée régulière et étale » – je cite Jacques Simon – « ses bourgeons écailleux et ses feuilles
Il est des mots comme ça dont l'ignorance est la première grâce.
On le voit, confiné mais plein d'espoir, monter en tige dans des cours malingres, s'ouvrir au ciel dans de plus larges mais c'est dans les cours ouvertes qu'il donne sa pleine mesure et se déploie librement dans une sorte d'urbanité canaille. Parfois atteint, jamais égalé, et c'est comme ça qu'on l'aime.
Planton malicieux, il se penche alors au-dessus des trottoirs les plus arides, indicateur des vents, disant les saisons, les pieds chez lui, les bras chez nous.
Posture singulière qui en fait évidemment le seul arbre « sujet » dans la ville.
Un mauvais sujet assurément : il en faut pour faire Paris.

Été, rue Taitbout, Paris 9e.

imparipennées ».

Automne, place Hector-Berlioz, Paris 9e.
Été, villa Ribérolle, Paris 20e.

Printemps,
rue Jules-Chaplain, Paris 6e.

Toute une histoire

« Une autre ville, derrière la ville... »
La villa Seurat, Paris 14e.

Paris, côté cours

# La campagne à Paris

## Histoire d'un sentiment de la nature

**Michèle Lambert-Bresson**

Le nom de la « Campagne à Paris » est souvent attribué à un quartier de l'est parisien, situé à proximité de la porte Bagnolet, composé notamment de maisons individuelles. Initialement, cette appellation provient de la construction, à partir de 1907, d'un ensemble de 92 habitations à bon marché entre le boulevard Mortier, les rues Belgrand et du Capitaine Ferber. Mais d'une manière générale, ce nom est également associé à tout endroit, qui suggère une impression champêtre, mélange quasi romantique de maisons individuelles ou d'arrière-cours, et d'espaces verts.

Cette appellation « Campagne à Paris » associe en fait deux termes qui semblent *a priori* antinomiques, car l'origine du mot campagne renvoie objectivement à celle d'une étendue de pays plat et découvert, par opposition à la montagne ou au bois. Mais ici, sa signification a évolué pour évoquer l'idée de la nature, par opposition à l'image de la ville, dense, constituée de grandes avenues et d'immeubles élevés[1]. Cette association trouble crée ainsi une dualité qui interpelle l'idée commune que l'on se fait de la ville. Ainsi décrite, la campagne à Paris peut être ainsi caractérisée par une succession de termes qui la définissent par rapport à cette image inversée : échelles différentes, maisons plus basses, pittoresque, individualité, inattendu, caché, marginalité, etc.

Cependant, cette expression traduit une réalité qui résulte non seulement de l'histoire de la formation de la ville, mais également de la conception d'une certaine idée de la nature qui s'est développée et transformée à partir du XVIII$^e$ siècle, jusqu'au début du XX$^e$ siècle.

La croissance de Paris s'est appuyée successivement sur le développement, à partir du XVIII$^e$ siècle, des faubourgs, puis au XIX$^e$ siècle, sur celui des « Villages ». Au réseau initial des voies et des chemins existants s'est superposée une double trame ; la première, autoritaire, avec la création des percées haussmanniennes au cours de la seconde moitié du XIX$^e$ siècle ; la seconde, complémentaire, avec la création de nombreuses voies privées résultats de lotissements individuels, au XIX$^e$ et au début du XX$^e$ siècles.

Ainsi, la superposition de cette expansion mixte, plus ou moins planifiée a permis la création d'une autre ville, derrière la ville, plutôt que juxtaposée, dans laquelle se sont insérés hôtels particuliers, hameaux, cours ou villas.

[1]. Voir à ce sujet l'article d'Henri Bresler, « Le pittoresque investit la ville », dans *Paris des Faubourgs - Formation, transformation*, (dir. Jacques Lucan), éditions du Pavillon de l'Arsenal, Picard éditeur, Paris, 1996.
Voir également au sujet de l'apparition et de la transformation de la maison : Henri Bresler, « En quête des maisons » et Bruno Fortier, « L'invention de la maison – Un nouvel espace de projet », *AMC*, n°51, mars 1980, *Pavillon, l'architecture de la maison*.

Toute une histoire

## L'émergence d'un sentiment de la nature au XVIIIe siècle

Dès le XVIIe siècle, mais surtout au XVIIIe siècle, le goût de la villégiature se répand dans l'aristocratie, puis dans la haute-bourgeoisie. Ce désir s'exprime dans la construction aux abords de la ville de bâtiments dont l'évolution des formes architecturales, au cours du XVIIIe siècle, s'affranchira des normes classiques pour s'exprimer de manière plus libre à travers une recherche d'un effet pittoresque. Le milieu du XVIIIe siècle correspond à l'exaltation de la nature chez les philosophes et à une remise en cause de la rationalité architecturale des jardins chez les théoriciens de l'architecture, notamment chez Laugier. Le style classique de Le Nôtre est remis en cause, le paysage naturel devient une mode et s'inspire des conceptions anglaises du jardin. L'importance de la redécouverte des ruines archéologiques dans la représentation pittoresque de la nature, à l'exemple des dessins de Piranèse, influence les grands architectes de la seconde moitié de ce siècle, non seulement dans la composition des bâtiments, mais également dans le rapport avec leur site.

Ainsi, si ces nouvelles conceptions se traduisent dans les environs de Paris, soit par la création de jardins comme celui du domaine du Moulin-Joli, à Colombes, créé sur une île de la Seine, ou soit par la construction de folies perdues au milieu de grands parcs, comme la « maison-colonne » en ruine du désert de Retz ou le pavillon chinois du parc de Cassan, elle s'exprime plus rarement dans les nouvelles constructions des nouveaux faubourgs parisiens. Seul l'hôtel Thélusson, construit par Ledoux vers 1780, rompt avec l'ordonnance classique des hôtels parisiens entre cour et jardin en s'intégrant dans un environnement naturel conçu comme un parc à l'anglaise. Les représentations du portail de l'entrée principale, où la nature envahit l'architecture, n'est pas sans rappeler l'esquisse de Piranèse du Temple de Vesta à Tivoli, symbole du pittoresque italianisant.

L'Hôtel Thélusson, côté ville, Claude-Nicolas Ledoux, architecte ; 1781.

Paris, côté cours

De haut en bas :
La Cité fleurie, 65 boulevard Arago, Paris 13e.
« Le Maquis de Montmartre », tableau d'Émile Meyer ;
Musée Carnavalet ; octobre 1903.

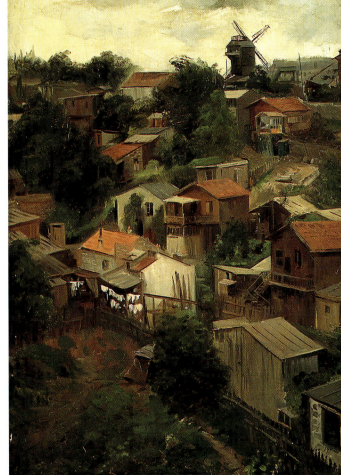

Cette représentation d'une nature pittoresque reste unique à Paris, mais elle trouvera une application particulière au cours de la première moitié du XIXe siècle dans quelques-uns des lotissements construits sous la Monarchie de Juillet.

### Entre ville et campagne : la constitution des lotissements pittoresques

Au début des années 1820, Paris va connaître une période d'accroissement courte, mais importante, qui dessinera les nouveaux quartiers neufs de la capitale jusqu'à son enceinte. Si l'idée de la nature est sous-jacente lors de la création du nouveau quartier de la Nouvelle Athènes, – l'ambition du fondateur était de constituer un quartier résidentiel où les maisons particulières seraient agencées de manière indépendante, afin que l'air y circule –, le plan des nouveaux lotissements, par exemple, les Batignolles ou le futur quartier de l'Europe, privilégie le tracé des voies de manière rationnelle, plutôt que la forme de l'habitat qui doit s'y construire.

À cette époque, Paris est toujours enserré dans les limites de l'enceinte fiscale dite des Fermiers Généraux, constituée aujourd'hui par l'anneau de

La villa Montmorency, Paris 16e.

Paris, côté cours

boulevards qui vont de la place de l'Étoile à la Nation. Au-delà de cette enceinte, s'étendait un territoire formé de villages et que l'on nommait depuis le début du siècle, la « petite banlieue ».

L'urbanisation de ces communes était faible, constituée autour d'un noyau rural ou le long d'une voie de faubourg, composée de maisonnettes, auberges, relais de poste et fermes. Des maisons de campagne s'y étaient implantées progressivement dans les endroits les plus champêtres.

Ainsi, la plaine qui rassemble aujourd'hui les quartiers des Batignolles, de Monceau et des Épinettes était une campagne déserte, composée d'une lande dénudée, et un important lieu de chasse, connu sous le nom de « Campagne Monceau ». Sur les hauteurs dominant Paris, les villages d'Auteuil ou de Passy à l'ouest, ou ceux de Belleville, à l'est, s'imposaient avant tout comme des lieux de cultures et de vignes agrémentés de résidences secondaires [2].

Alors que sous la Restauration et la Monarchie de Juillet, plusieurs grands lotissements sont envisagés en dehors de Paris, comme à Boulogne, Maisons-Laffitte, la Garenne-Colombes ou Saint-Maur, quelques lotissements paysagers seront expérimentés, à une échelle de moindre importance, sur les hauteurs d'Auteuil.

Les lotissements du hameau Boileau (1838-39) et du hameau Boulainvilliers (1839) se situent sur le plan morphologique entre deux périodes : celle de la création des lotissements des années 1820, composés et articulés à partir de grands tracés intégrés dans la trame parisienne, et celle de l'aménagement de parcs boisés en banlieue, au milieu du XIXe siècle, comme le Vésinet ou le Raincy. De même, l'emploi du terme « hameau », défini comme étant un petit groupe de maisons rurales, écartées du lieu où est la paroisse [3], s'il se réfère au XVIIIe siècle, en renvoyant notamment à l'image du Hameau de la Reine, est utilisé, ici, pour désigner une forme urbaine particulière : des lotissements de maisons individuelles isolées, organisées dans un site arboré autour de « squares » à l'anglaise. Ces lotissements constituaient une réponse au désir de fuir la ville, devenue trop dense et où l'industrie a envahi les faubourgs. Comme les maisons de campagne du XVIIIe siècle, ils allient les charmes de la campagne aux avantages de la ville. Mais, de par leur dimension et leur situation péri-urbaine, ces lotissements définissent une étape importante de l'histoire de la création des villas parisiennes.

### Les villas parisiennes ou la création de la campagne à Paris

L'intégration des villages dans Paris, en 1860, correspond approximativement à la divulgation du terme « villa » pour désigner un regroupement de maisons autour d'une ou plusieurs voies. Comme pour le hameau, l'emploi de ce terme renvoie à l'introduction d'un sentiment de la nature. Initialement, la villa est définie comme une maison de campagne élégante. Durant la période gallo-romaine, la Villa Urbana était déjà une résidence des faubourgs.

Faut-il voir dans cette signification une démocratisation de la maison individuelle, alors que le terme, employé dès le premier tiers du XIXe siècle, désignait plutôt les luxueuses habitations de campagne de la haute-bourgeoisie,

2. Voir à ce sujet le catalogue de l'exposition organisée par le Musée Carnavalet et la Délégation à l'action artistique de la Ville de Paris, en 1982, intitulée *Chaillot — Passy — Auteuil. Promenade historique dans le 16e arrondissement*, et l'article de Philippe Gresset, « Les banlieues doivent-elles disparaître ? Pittoresque et lotissement-parc », *Les Cahiers de la recherche architecturale*, « Banlieues », n° 38 / 39, 3e trimestre 1996, éditions Parenthèses.

3. Définition du dictionnaire Larousse du XXe siècle, en six volumes, 1930.

Toute une histoire

ou souhaite-t-on évoquer le côté plus urbain de ces maisons, intégrées alors dans la ville, plutôt que le côté plus champêtre des constructions des hameaux d'Auteuil, situées encore dans les villages ?

Bien qu'employé dès 1854 pour la création de la Villa de Montmorency par les frères Péreire, en s'appuyant sur le dessin des allées du Parc de la propriété Boufflers, le terme de « villa » se démocratisera sous le Second Empire en s'appliquant à des groupements de maisons de plus en plus rationalisées.

La structure des villages annexés et la période de la seconde moitié du XIX$^e$ siècle constituent deux facteurs complémentaires qui ont favorisé la prolifération des villas parisiennes.

### Les villages ou le mythe d'un sentiment de la nature à Paris

« Cette partie de la capitale peut encore se diviser en portion urbaine et portion rurale [...] ; la seconde, comprise entre le Père-Lachaise, les fortifications, le cours de Vincennes et le parc Saint-Fargeau, se compose de gracieux coteaux penchés au midi et richement cultivés par nos ruro-Parisiens du XX$^e$ arrondissement. C'est là qu'est le Ratrait, Paradis terrestre, oasis où les travailleurs de faubourgs voisins ne manquaient pas jadis de venir passer le dimanche et le lundi, lieu de champêtres délices dont il ne restera bientôt plus que le souvenir [...] ; mais séduits bientôt par la beauté du site, une multitude de petits rentiers vinrent y faire construire des habitations, et sa physionomie première s'en trouva singulièrement transformée [...] ». Cette description d'Émile Labedollière en 1860, de Ménilmontant, lors de l'annexion des villages à Paris, montre non seulement le côté champêtre de ces communes, à l'origine, mais souligne également les débuts d'une urbanisation qui s'est intensifiée à partir de la Monarchie de Juillet pour s'achever au début du XX$^e$ siècle.

La Cité des fleurs, Paris 17$^e$.

De haut en bas et de gauche à droite :
Le quartier de la Mouzaïa, Paris 19e.
Le jardin et la maison de Balzac,
47 rue Raynouard, Paris 16e,
à l'emplacement de la Folie Bertin.
L'avenue Frochot, derrière la place Pigalle,
Paris 9e.

Toute une histoire

Ces territoires offrent un site privilégié pour la formation de notre sentiment actuel de la nature, car ces terrains semi-ruraux, qui s'urbaniseront complètement en moins d'une soixantaine d'années, vont fixer en quelque sorte notre impression de la campagne à Paris, en se référant à un état mythique du passé ; celui des villages imaginés, décrits au XIXe siècle comme étant un lieu rural, de fête ou de repos.

La diffusion de lotissements privés au cours de la seconde moitié du XIXe siècle est un des principaux modes d'urbanisation. Cette pratique caractérise l'ensemble des périphéries de villes. Si elle relève surtout d'un laisser-faire général dans la constitution de la ville, elle est aussi l'occasion du développement de constructions qui s'opposent à l'échelle autoritaire et normative de la ville.

Néanmoins, la densification de la périphérie aidant, la transformation de la ville sur elle-même, notamment au début du XXe siècle (et plus récemment après la seconde guerre mondiale), supprimera de nombreux îlots de verdure. Ainsi, à la fin du XIXe et au début du XXe siècles, seuls, les sites présentant des risques de constructions pour les immeubles de plusieurs niveaux verront s'édifier des ensembles d'habitations individuelles. Ainsi les derniers grands lotissements de maisons individuelles s'effectueront sur des carrières ou des marais.

### La Campagne à Paris ou l'utopie de la cité-jardin à Paris

Construit sur une butte, organisé autour d'un ensemble de voies respectant le site, le lotissement de la Campagne à Paris s'inscrit initialement dans l'achèvement du quartier situé entre les rues Belgrand et Gambetta. En 1907, un plan intitulé « le quartier Neuf de l'Ermitage Gambetta », dessiné par l'architecte Botrel[4], prévoit la construction d'un ensemble de constructions à « visée sociale », dont la création d'un ensemble pavillonnaire.

Le nom donné au lotissement est celui de la Société anonyme coopérative d'Habitations à Bon Marché chargée de la réalisation du projet. Le mouvement de construction coopérative s'inscrit dans un courant anti-urbain qui s'élève contre le manque d'hygiène de la ville et qui privilégie le retour au pittoresque et l'intérêt pour la ville moyenâgeuse. Ainsi, l'idéologie contenue dans l'idée initiale du projet vise à refléter une idée communautaire qui semble absente de la ville et qui caractérise les villages et, par là même, la campagne. Ici, cette idée est exprimée par le regroupement des maisons de manière continue et linéaire, la volonté de créer des espaces libres communs, ainsi qu'une maison communautaire.

Ces idées de communauté s'inscrivent à l'origine du concept d'urbanisme exprimé dans les projets de cité-jardin d'Howard et d'Unwin. Toutefois, de par sa taille limitée, son insertion dans une situation existante, le manque de centralité du projet et l'inexistence d'équipements, la Campagne à Paris est loin d'être une cité-jardin. La localisation parisienne du projet est le premier

4. Dans le cadre d'un concours de cités-jardins destiné aux Habitations à Bon Marché, lancé par le Comité de Patronage de la Seine, afin d'encourager l'initiative privée, cet architecte reçut le premier prix pour le projet de la Campagne à Paris et celui de la cité-jardin de Rosny.

handicap à sa constitution. Construite à la limite extrême de la ville, elle marque surtout la saturation de l'occupation du sol de Paris, avant l'annexion des terrains de l'enceinte de Thiers.

La situation, la morphologie et l'histoire particulière du lotissement reflètent la fin d'une période dans l'histoire d'un sentiment de la nature à Paris. La Campagne à Paris est un des derniers « îlots de campagne » construit au début du XX$^e$ siècle.

### La campagne perdue

La première guerre mondiale constitue une rupture dans l'aménagement des villes avec l'apparition de l'« urbanisme » en France qui marque la théorisation et le renouveau de la réflexion sur la ville, avec entre autres, le *zoning* qui privilégie la séparation des fonctions dans la ville. À Paris, la saturation de l'espace construit nécessite sa transformation et sa redéfinition. Elle se traduit, dans un premier temps, par l'occupation des terrains de l'enceinte de Thiers.

Jusqu'à leur transformation, l'espace des fortifications constituait un lieu de promenade et de pique-nique fortement pratiqué par les habitants des quartiers périphériques de Paris : la nature y était sauvage, ainsi que l'occupation. Les activités qui s'y déroulaient étaient un des moyens de liaisons entre Paris et les communes attenantes. L'échelle des espaces, en rupture avec la ville dense offrait les moyens d'assurer une continuité entre la ville et sa banlieue. Par contre, au cours des années 1920, l'aménagement de la « zone » avec une ceinture continue de logements sociaux constituera une nouvelle enceinte plus contraignante et supprimera toute liaison avec les communes suburbaines. Les terrains extérieurs, espaces dits « verts » sans véritables définitions ne constitueront pas un élément structurant ; ils laisseront la place, quelques décennies plus tard, au « périphérique ».

La politique d'aménagement de la ville, après la seconde guerre mondiale, s'appuiera sur la nécessité d'édifier de nombreux logements pour remanier les quartiers jugés désastreux, notamment ceux construits à la périphérie. Les îlots détectés « insalubres » depuis la première guerre mondiale seront le prétexte aux grandes rénovations. L'introduction de la nature s'effectuera sur le principe consistant à libérer au sol le maximum d'espace, tout en limitant les surfaces occupées par les bâtiments. Si dans les années cinquante, le savoir-faire, hérité de l'avant-guerre, dans la composition des masses permet parfois de respecter l'équilibre entre les constructions et les espaces verts, les années soixante et soixante-dix privilégieront rapidement les immeubles de grandes hauteurs. Les espaces situés entre les bâtiments serviront soit au stationnement des voitures, soit à la déambulation artificielle des piétons.

De nombreuses opérations privées viendront se superposer à un parcellaire souvent occupé par des petites usines, des locaux artisanaux et des pavillons. Elles se sont parfois appropriées de manière abusive le terme de « villa » à des fins promotionnelles en évoquant par paradoxe un passé qu'elles avaient objectivement contribué à supprimer.

### La campagne figée

La remise en cause des opérations de grande envergure, « aidée » par la crise pétrolière, a permis la préservation de nombreux sites sensibles de Paris, notamment certaines villas. Dans les années 1980, la reconnaissance du tissu urbain comme base d'un processus projectuel a permis la redécouverte de l'espace public, de l'îlot et du parcellaire. De nombreuses opérations architecturales ont ainsi privilégié le caractère domestique de l'intérieur des îlots en jouant sur l'échelle des bâtiments et la constitution d'espaces naturels. Toutefois, la reconnaissance de la diversité des paysages urbains, associée à une densification continue ou à une rénovation des autres tissus, contribuera parfois à les détacher de leur contexte et ainsi à les figer.

La création de parcs urbains n'a pas compensé cette perte du sentiment de la nature. Le processus utilisé déjà à l'époque haussmannienne, notamment à l'occasion de la création du parc des Buttes-Chaumont, repris lors de l'aménagement de l'enceinte de Thiers, concourt généralement à une plus grande densification des abords de ces nouveaux espaces et ainsi de la ville. Le bien-être apporté reste généralement limité aux quartiers concernés.

Alors que le principe d'évolution des villes s'est toujours effectué sur un processus d'extension sur les territoires limitrophes, la densification de la banlieue parisienne sans lien morphologique avec la capitale entraîne un autre processus que celui qui consistait à la substitution progressive des territoires périphériques, des faubourgs ou des villages.

Pourtant, pendant des siècles, la définition de la ville s'est toujours établie par rapport à la campagne. Cette dualité permettait d'établir un jeu entre le dedans et le dehors et offrait un sentiment de liberté. Que peut-il être aujourd'hui d'une ville, si ce rapport est supprimé, nié ou oublié et donc du devenir de la campagne à Paris ? •

*Michèle Lambert-Bresson est architecte, enseignante à l'École d'architecture de Paris-Belleville et chercheur à l'IPRAUS (Institut Parisien de Recherche : Architecture, Urbanistique, Société). Elle travaille sur les transformations des villes aux XIX$^e$ et XX$^e$ siècles.*

Vue sur le jardin de la villa Laroche, rue du Docteur-Blanche, Paris 16e. Le Corbusier, architecte ; 1924.

Vue sur la cour plantée de la Bibliothèque de France, quai François-Mauriac, Paris 13e. Dominique Perrault, architecte ; Mission interministérielle des Grands Travaux, Secrétariat d'État aux Grands Travaux / Établissement Public de la Bibliothèque de France, maîtres d'ouvrage ; 1995.

Toute une histoire

# Questions en cours

« Autrefois, j'avais trop le respect de la nature. Je me mettais devant les choses et les paysages et je les laissais faire. Fini, maintenant *j'interviendrai.* »

**Henri Michaux**
*La nuit remue*
« Mes Propriétés »
Éditions Gallimard, 1967

La cour du « Gibus »,
18 rue du Faubourg-
du-Temple, Paris 11e.
En 1997.

« Simulacres d'une théâtralité urbaine...»
*Les Ruines des Tuileries*, par Ernest Meissonier (1815-1891),
Musée du Château de Compiègne.

# Ouvert / Fermé

Postures d'un débat

Jacques Lucan

« *Supprimons les cours* [...] *Ces réceptacles d'ordures, privés de soleil et d'air en quantité suffisante, devraient déjà être prohibés dans un immeuble de plus de deux étages. Il ne faut plus les tolérer* »[1].

« Supprimons les cours » : ce propos tenu par Auguste Perret avant la première guerre mondiale peut résumer une attitude largement répandue parmi les protagonistes de la cause de la réforme urbaine : architectes, urbanistes, médecins, responsables politiques et administratifs, etc. Cette réforme est synonyme d'une amélioration des conditions de logement, notamment pour les classes populaires et laborieuses, qui vivent le plus souvent dans les taudis insalubres et surpeuplés des quartiers centraux de la capitale ou dans ses faubourgs. Cette réforme demande en particulier de modifier des règlements de construction jugés beaucoup trop favorables à l'exploitation spéculative de densités bâties excessives.

« Supprimons les cours » : les cours fermées bien sûr, celles qui se logent dans la promiscuité d'une parcelle, et dont les immeubles de rapport construits du temps d'Haussmann, à la fin du XIXe siècle ou au début du XXe, nous donnent encore de multiples exemples. La seule cour qu'Auguste Perret accepterait est ce qu'il nomme une « cour en façade », comme son célèbre immeuble du 25 bis de la rue Franklin en offre en quelque sorte un modèle[2] : « *Si les exigences d'un terrain devaient les rendre admissibles à un point de vue économique impérieux, on adoptera rationnellement ces cours en façade* [...] »[3].

« Supprimons les cours » : cette demande ne va pas rester isolée ; elle paraîtra même timide lorsque lui fera bientôt écho une revendication encore plus radicale et fameuse, énoncée par Le Corbusier, cet ancien collaborateur du maître, revendication qui sonnera pendant longtemps comme un slogan : « Mort de la rue »[4].

### Haine de la cour / Mort de la rue

Au XXe siècle, l'urbanisme tirera toutes les conséquences de cette volonté, maintes fois affirmée, de tous les horizons, de suppression de la cour et de disparition de la rue, au profit d'un espacement des bâtiments, d'un agrandissement des espaces libres, d'un desserrement de l'agglomération qui ont partie liée avec toutes les raisons hygiénistes. Nous ne retracerons pas ici l'inexorable progression de la cour fermée vers la cour ouverte, puis vers l'îlot ouvert

1. Cité par Roberto Gargiani, *Auguste Perret*, Paris, Gallimard-Electa, 1994, p. 224.

2. À ce sujet, voir Henri Bresler, « Finestre su corte », *Rassegna*, Milan, 28/4, décembre 1986, « Perret : 25 bis rue Franklin ».

3. *Ibidem* note 1.

4. Voir Le Corbusier, *La Ville radieuse*, Boulogne, Éditions de l'Architecture d'aujourd'hui, 1935, p. 119.

Cour du 34 rue Damesme, Paris 13ᵉ. 1942.    Cour du 29 rue de la Ferronnerie, Paris 1ᵉʳ. 1977.

5. À ce sujet, voir notamment : Marie-Jeanne Dumont, *Le Logement social à Paris, 1850-1930 - Les habitations à bon marché*, Liège, Pierre Mardaga, 1991. Pour l'évolution vers l'îlot ouvert, voir bien sûr : Jean Castex, Jean-Charles Depaule et Philippe Panerai, *Formes urbaines : de l'îlot à la barre*, Paris, Dunod, 1977.

6. Je me permets, pour toutes ces questions, de renvoyer le lecteur à : Jacques Lucan, « Desserrement de l'agglomération et effacement parcellaire », (dir.) Jacques Lucan, *Paris des faubourgs, formation-transformation*, Paris, Éditions du Pavillon de l'Arsenal, Picard Éditeur, 1996.

7. Piet Mondrian, « Le Home, la rue, la cité », Lille, *Vouloir*, n°25, 1927, s.p., souligné par Piet Mondrian.

— dispositifs expérimentés dès le début du vingtième siècle, notamment dans les ensembles de logements construits par la Fondation Rothschild[5] –, pour aboutir à la disposition « libre » des bâtiments sur une étendue devenue homogène, dans un milieu isotrope. Nous ne détaillerons pas non plus tout l'arsenal des propositions « rationnelles » qui s'illustrent en particulier par l'obligation idéale faite aux bâtiments de s'orienter maintenant par rapport à la course du soleil : cette obligation du respect d'une orientation selon un axe « héliothermique », approximativement nord-sud, réclame nécessairement l'effacement des emprises parcellaires séculaires et, encore une fois, par voie de conséquence, la suppression de la cour et la disparition de la rue[6].

Cette pensée urbaine devient véritablement hégémonique, sinon totalitaire, et connaît son apogée, en Europe et ailleurs, pendant les Trente Glorieuses. Elle fait de la conquête de l'espace libre le progrès jugé indispensable à la régénération des ensembles habités. En dernière instance, dans le nouvel ordre ouvert, où n'existent plus de clôtures, les bâtiments doivent être indépendants les uns des autres, des distances suffisantes assurant leur séparation, et créant un nouvel équilibre de figures abstraites. C'est ce qu'avait annoncé Piet Mondrian dès les années vingt, dans un élan optimiste : « *L'être humain vraiment évolué, ne tâchera plus à assainir, abriter ou embellir avec des fleurs ou des arbres, les rues et les parcs de la Cité*, mais par une opposition équilibrée des bâtiments et des espaces vides, il construira des cités saines et belles »[7]. Dans le nouvel ordre ouvert, les bâtiments n'entretiennent plus de relations de voisinage, c'est-à-dire de mitoyenneté, et de vis-à-vis, c'est-à-dire de façade à façade. Quand on sait que la cour et la rue sont par excellence des espaces de voisinage et de vis-à-vis, on comprend de quelle révolution urbaine il s'agit effectivement !

Paris, côté cours

Rien d'étonnant, à partir de là, si la plupart des entreprises de révision critique des principes de l'urbanisme moderne se caractérisent en fin de compte par de nombreuses tentatives de reformer des liens entre des entités bâties que l'on s'est évertué à séparer pendant quelques décennies. C'est dans cette optique que l'on peut être justifié à relire certains des épisodes les plus intéressants de l'après seconde guerre mondiale, parmi lequels nous en choisirons deux.

Car qu'est-ce qui obsède, par exemple, les Alison et Peter Smithson, les Candilis, Josic et Woods, les Aldo van Eyck et Gian Carlo de Carlo, soit la plupart des membres de Team X qui mènent, à partir de 1953, la première critique résolue des principes établis par leurs aînés des premiers Congrès internationaux d'architecture moderne ? Qu'est-ce qui les obsède, en prenant garde de ne pas jeter le bébé – les exigences « modernes » –, avec l'eau du bain – l'urbanisme simpliste de beaucoup des reconstructions –, sinon se préoccuper de contexte quand avaient prévalu des solutions « universelles », rétablir des liens, réfléchir aux seuils, et même, avec Aldo van Eyck, à la « clarté labyrinthique » ? Sinon mettre l'accent sur les espaces de relation et parler de nouveau de l'espace de rencontre qu'est la rue et que la coursive (*deck*), cette « rue en l'air », est quelquefois censée remplacer ?

Cette obsession connaîtra dans un premier temps – on le sait – une traduction « mégastructurelle », avec la multiplication des projets de structures en grappe, qui regroupent, rassemblent les habitations dans des localités presque communautaires : les *Clusters* ou autrement appelés unités de *voisinage*.

La cour en façade, plan d'un étage de l'immeuble de logements, 25 bis rue Franklin, Paris 16e. Auguste Perret, architecte ; 1904. Extrait de *L'Architecture d'Aujourd'hui,* octobre 1932.

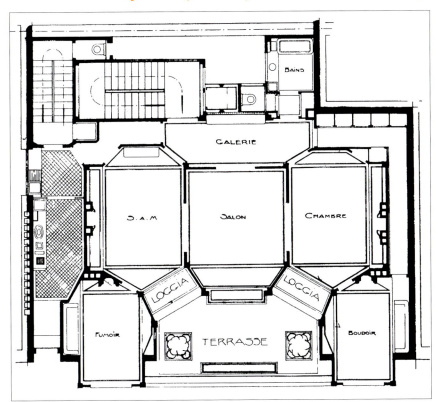

Questions en cours

**171**

De haut en bas :

Fondation Singer, Paris 14e.

Siège social du groupe André,
2 rue de Soisson et 27 quai de Seine,
Paris 19e.
Stanislas Fiszer, architecte ; SCI Gold
et Groupe André, maîtres d'ouvrage ;
Meunier promotion, maître d'ouvrage
délégué ; SEMAVIP, aménageur ;
Bassin de la Villette ; 1991.

Ensemble de logements,
Meudon-la-Forêt.
Fernand Pouillon, architecte ; 1961.

Ces projets sont commandés soit par un développement général principalement vertical (*Stem* ou centre linéaire), soit par un développement principalement horizontal (*Web* ou grille, nappe, réseau, trame). Dans tous les cas, il s'agit sinon de refermer, du moins de relier : les bâtiments se rattachent les uns aux autres et s'articulent ; d'abord orthogonaux, ils se plient bientôt selon des angles à 120°, recherchant des continuités, des rapprochements, presque des vis-à-vis. Alison et Peter Smithson, l'équipe Candilis-Josic-Woods ont ainsi conçu de nombreux projets qui seront plus tard imités, par exemple à Grenoble, pour la réalisation de la ville neuve avec sa « rue », qui serpente en se logeant sous des bâtiments inscrits sur une trame hexagonale en nids d'abeilles, reformant ainsi virtuellement des figures fermées.

Dans une autre optique, mais toujours par rapport à cette problématique de révision de l'ordre ouvert, nous pouvons évoquer la figure – ô combien « atypique » – de Fernand Pouillon. Car il est, dans les années cinquante et au début des années soixante, l'un des rares architectes – l'un des seuls pourrait-on dire – à rester insensible aux injonctions concernant la disposition rationnelle des bâtiments d'habitation selon d'exclusives exigences d'ensoleillement. Que ce soit dans ses ensembles d'Alger – dont l'extraordinaire « Meïdan » des deux cents colonnes de Climat de France –, ou dans ses opérations situées dans la région parisienne, à Pantin et Montrouge ou au Point-du-Jour à Boulogne, Fernand Pouillon conçoit des espaces aux configurations régulières et fermées, ordonnancés, reconnaissables et intelligibles : mails, squares, cours, places. La composition et la succession de ces différentes pièces forment des mondes aux caractéristiques étonnamment singulières dans le panorama de l'architecture française, ce qui explique aussi l'ostracisme dont est alors victime Fernand Pouillon de la part du milieu architectural parisien, les revues professionnelles refusant de faire mention de ses réalisations. En 1971, au moment de sa sortie du désert et de sa réhabilitation, il peut rappeler : «*Moi, j'aime la place et le square*»[8], et l'on comprend qu'il ait toujours été fasciné par le cloître de l'abbaye cistercienne du Thoronet – dont la construction fait l'âpre sujet de son roman *Les Pierres sauvages*[9] – et qu'il ait choisi, vers la fin de sa vie, d'habiter place des Vosges.

Évoquer ici Fernand Pouillon oblige cependant à signaler qu'il fut pendant longtemps sans influence sur les débats qui se sont rapidement développés lorsque l'ordre ouvert de la plupart des grands ensembles de logements ou des grandes rénovations urbaines s'est révélé pour le moins difficilement habitable. C'est évidemment à partir de là que l'on s'est de nouveau tourné vers la ville – les protagonistes de Team X nous en ayant montré un chemin malgré tout tortueux… –, et que la haine de la cour et l'appel à la mort de la rue n'ont plus eu le même écho, ont perdu leur virulence.

### Retrouver la congestion

À la fin des années soixante, en France, l'une des opérations qui frappe le plus les esprits est sans conteste la réalisation de « La Grande Borne » à Grigny par Émile Aillaud. S'il s'agit toujours d'un grand ensemble construit sur d'anciennes terres agricoles, loin de toute trace urbaine, il rompt néanmoins,

8. « L'Express va plus loin avec Fernand Pouillon », entretien de Fernand Pouillon avec Sophie Lannes, Paris, *L'Express*, 27 décembre 1971 – 2 janvier 1972. Pour une analyse des opérations parisiennes de Fernand Pouillon, voir : Jacques Lucan, « Les opérations parisiennes : la leçon de Fernand Pouillon », Genève, *Faces*, n° 38, printemps 1996.

9. Fernand Pouillon, *Les Pierres sauvages*, Paris, Éditions du Seuil, 1964.

du point de vue de sa composition formelle, avec ce à quoi nous ont habitué les années précédentes. Aux dires d'Émile Aillaud lui-même, la conception de « La Grande Borne » peut en effet se comparer à celle d'un appartement composé de diverses pièces, de différentes chambres. Avec un nombre restreint de composants, c'est-à-dire dans les conditions même de la production massive du logement social, Émile Aillaud parvient à mettre en scène une succession d'espaces aux configurations fortement contrastées. Il déroule ainsi un véritable récit fait d'un grand nombre de séquences ; celles-ci se veulent constitutives de quartiers d'habitat aux ambiances particulières : scénographie urbaine qui n'hésite pas à recourir à une abondante gamme de couleurs et à des motifs figuratifs muraux pour accentuer les effets spatiaux. Et les bâtiments sont maintenant délibérément appelés à se rapprocher, après un rejet explicite du *diktat* de l'orientation solaire : « *Du soleil, du silence, du grand air ? C'est exactement le contraire qu'il faudrait souhaiter. Une ville, c'est peu de soleil, peut-être des mauvaises odeurs et du bruit* »[10].

10. Émile Aillaud, *Désordre apparent, ordre caché*, Paris, Fayard, 1975, p.66.

Les partis-pris d'Émile Aillaud sont le symptôme d'un changement de climat, autrement illustré par un renouveau de la réflexion sur l'architecture et la ville. Que les villes forment un patrimoine qu'il faut dorénavant réévaluer et protéger des entreprises radicales de rénovation ou de destructions plus diffuses, que les villes puissent être regardées selon d'autres paradigmes que ceux de l'hygiénisme, qu'elles ne répondent pas aux mêmes critères de rationalité que les « villes radieuses » imaginées par les urbanistes, devient étonnamment une évidence. À l'ordre ouvert impérialiste et totalisateur résiste l'hétérotopie urbaine. À l'ordre ouvert des entreprises de planification qui suivent la seconde guerre mondiale répond la *topologie fermée* des agglomérations resserrées sur une communauté. Que cette topologie soit dotée d'une permanence, c'est précisément ce qui caractérise les « faits urbains », dont Aldo Rossi offre en quelque sorte la théorie en publiant *L'Architettura della città* en 1966[11].

11. Aldo Rossi, *L'Architettura della città*, Padoue, Marsilio Editori, 1966 (Traduction française : *L'Architecture de la ville*, Paris, L'Équerre, 1981).

L'opposition de l'ouvert et du fermé est encore l'expérience éprouvée en deux temps par Robert Venturi. Premier temps : le séjour à Rome et la découverte d'une extraordinaire sédimentation qui préserve l'intelligibilité des séquences complexes de la ville. Deuxième temps : le voyage à Las Vegas (avec Denise Scott Brown et Steven Izenour) et la compréhension du « grand espace ouvert » (*large open space*), de l'« étalement spatial » (*spatial sprawl*). Rome et Las Vegas sont deux phénomènes aux antipodes l'un de l'autre, deux mondes antithétiques respectivement représentés par l'opposition de la *piazza* (fermée) et du *Strip* (ouvert). *Learning from Las Vegas*[12] propose une illustration emblématique de cette opposition : l'image d'une enseigne lumineuse de bord de route, qui souhaite la bienvenue aux visiteurs de la ville du jeu et s'adresse aux horizons lointains, est superposée à un fragment du plan de Nolli qui creuse les espaces d'usage public dans la masse compacte des îlots. Mais reste que l'opposition entre le « grand espace ouvert » de Las Vegas et le récit de la succession des espaces urbains de Rome trouve cependant comme une suspension lorsque le *Strip* – c'est-à-dire la partie la plus vivante où se concentrent les messages les plus nombreux – est regardé comme analogue au Forum romain, accumulation désordonnée de bâtiments où les espaces publics résultent non

12. Robert Venturi, Denise Scott Brown & Steven Izenour, *Learning from Las Vegas*, Cambridge (Mass.) et Londres, MIT Press, 1972 (Traduction française : *L'Enseignement de Las Vegas*, Bruxelles-Liège, Pierre Mardaga, 1976).

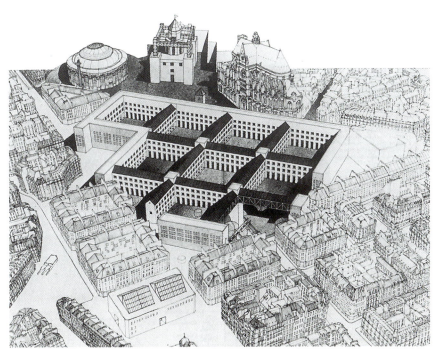

Contre-projet pour les Halles, Aldo Rossi et Carpman, Hoshuau, Pschepiurca, architectes ; Milan ; 1980.
Extrait de *L'Architecture d'Aujourd'hui*, avril 1980.

pas d'un projet rationnel d'aménagement mais du simple resserrement des édifices[13]. Ce qui, en dernière instance, fascine Robert Venturi à Las Vegas, c'est la densité du *Strip*, son exubérance de symboles, son « mauvais goût » et l'excès d'informations. Cette intensité retrouverait ainsi ce qui fait de la ville un monde qui n'est pas ennemi de la congestion.

La problématique de la congestion est au centre des préoccupations d'Oswald Mathias Ungers lorsqu'il énonce sa conception des « villes dans la ville » en prenant Berlin (-ouest) pour cas symptomatique, Berlin encore troué des vides des destructions de la guerre. Il fait l'hypothèse – à ce moment-là valide : nous sommes en 1977 – que si la population d'un Berlin enfermé par son mur ne cesse de décroître, il est inutile d'imaginer une ville qui se complète, se reconstruit, s'agglomère sur tout son territoire. Il propose au contraire de renforcer, d'intensifier des localités, de créer des enclaves différentes les unes des autres, aux caractéristiques spécifiques, quelquefois antithétiques, développées à partir des « noyaux » urbanisés existants, déjà partiellement congestionnés. Il propose l'idée de « villes dans la ville » (*Die Stadt in der Stadt*), transformant Berlin en « archipel vert » (*Berlin das grüne Stadtarchipel*), sachant qu'entre les îles architecturales à forte densité s'étendrait le paysage vert des lacs, parcs, jardins et forêts[14].

L'histoire racontée ici par Oswald Mathias Ungers est une espèce de parabole : Berlin peut en effet servir de paradigme pour la compréhension en même temps que la réforme de la ville contemporaine distendue, pour la compréhension de l'agglomération lâche et de l'étalement spatial. Inutile d'insister maintenant sur tout ce que Rem Koolhaas doit à Oswald Mathias Ungers et qui est sous-jacent aux propos de *New York Délire*[15], manifeste rétroactif qui explique la métropole américaine comme intrinsèquement congestionnée, tirant même de la congestion toute sa valeur urbaine, où chaque bloc est idéalement une ville dans la ville.

13. Voir : Jacques Lucan, « Le Forum romain est-il un modèle de compréhension de la ville contemporaine ? », Lausanne, EPFL - Département d'architecture, *DA-Informations*, n° 156, conférence du 27 octobre 1993.

14. Voir : Oswald Mathias Ungers, « La città nella città – Cities within the City », Milan, *Lotus International*, n° 19, 1978. Il s'agit là des résultats d'un séminaire dirigé par Oswald Mathias Ungers en 1977, tenu à Cornell University, auquel ont notamment participé Rem Koolhaas et Hans Kollhoff.

15. Rem Koolhaas, *New York Délire*, Paris, Éditions du Chêne, 1978.

Questions en cours

### Tout un programme...

Si j'ai choisi précédemment tous ces exemples, c'est que repérer les conditions de la congestion, réfléchir à sa possibilité ne revient à rien d'autre qu'imaginer une ville resserrée, après l'expérience la plus radicale et anti-urbaine qui ait été, celle de l'espace ouvert. Mais, bien sûr, rien ne sera plus comme avant ! Et toute la difficulté est de retrouver la capacité de mettre ensemble des bâtiments de telle sorte que l'intensité d'un vis-à-vis puisse produire une valeur urbaine qui ne soit pas un simulacre.

Cette difficulté peut être résolue lorsque ce vis-à-vis est intérieur à une opération : à Paris, depuis près de vingt ans, la plupart des réalisations architecturales remarquables, notamment en matière de logements, ont cherché à créer des intériorités, depuis l'ensemble des Hautes-Formes (13e arrondissement) par Christian de Portzamparc et Georgia Benamo, celui rue de Meaux (19e arrondissement) par Renzo Piano et Bernard Plattner ou l'immeuble rue de Ménilmontant (20 e arrondissement) par Henri Gaudin, jusqu'à celui récemment réalisé par Diener & Diener, rue de La Roquette (11e arrondissement).

La difficulté est autrement plus grande lorsque le vis-à-vis est celui d'opérations indépendantes. Faut-il continuer de seulement faire confiance à une logique d'embellissement, c'est-à-dire à l'établissement d'un plan régulateur, qui fixe alignements et gabarits pour définir l'espace public, plan auquel sont tenus de se conformer les bâtiments particuliers, qui doivent donc se plier à une image préconçue ? Ou ne faut-il pas plus franchement prendre acte de l'individualité des opérations, de leur singularité relative, pour réfléchir à des ensembles qui se construiraient à partir des différentes architectures, leur préservant un fort degré d'autonomie, et attendant de leur présence matérielle une intensification des vis-à-vis et des relations ?

L'alternative pourrait être ainsi entre une ville où les façades des édifices sont des masques, fragiles et presque interchangeables, mais englués dans une logique de distinction, simulacres d'une théâtralité urbaine dont on ne sait plus trop ce qu'elle célèbre, nouvel avatar de la « ville Potemkine », et d'autre part une ville capable de rassembler les différences et les hétérogénéités, de se construire à partir, non pas d'une vision d'ensemble, d'un plan régulateur dont le dessin est toujours plus beau que la réalité, mais à partir de tous les apports singuliers existants ou futurs, formellement et matériellement très caractérisés.

Ce serait enfin demander à l'architecture de construire la ville ; elle serait peut-être alors moins obsédée par l'exaltation des signatures : tout un nouveau programme en matière d'aménagement urbain, une autre posture du débat entre l'ouvert et le fermé. •

*Jacques Lucan est architecte, historien et critique. Commissaire d'exposition pour « Eau et gaz à tous les étages, Paris 100 ans de logement » et « Paris des faubourgs, formation-transformation », les deux catalogues ont été publiés sous sa direction.*

De gauche à droite et de haut en bas :
Immeuble de logements,
177/179 rue de la Roquette, Paris 11e.
Diener et Diener, architectes ;
RIVP, maître d'ouvrage ; 1996.

Immeuble de logements,
44 rue de Ménilmontant, Paris 20e.
Henri Gaudin, architecte ;
SNR, groupe OCIL, maître d'ouvrage ; 1986.

Immeuble de logements, 11-15 rue de la Duée
et 22 rue Pixérécourt, Paris 20e.
Philippe Madec, architecte ;
Jérôme Mesnager, artiste ;
RIVP, maître d'ouvrage ; 1995.

# Les Arènes de Lutèce — Éloge de la cruauté

**Pierre Gangnet**

Paris avait oublié Lutèce.

Les auteurs sont formels : c'est lors du percement de la rue Monge, en 1870, que furent découvertes, dans une opération d'urbanisme généralement qualifiée, à l'époque, de véritable éventrement par les Parisiens, les Arènes de Lutèce. Formidable récurrence du vocabulaire de la cruauté qui reprend, sur le corps de la ville cette fois, les mots mêmes qui disaient les gestes du gladiateur des origines ! J'examine la gravure de Smeeton ; elle montre une géographie précaire, des démolisseurs au travail, attachés à vérifier par avance les mots de l'entomologiste J.-H. Fabre « les ruines aussi doivent périr... », mais aucun spectateur, pas même aux fenêtres, comme si cet éventrement-là, dont on peut voir qu'il bute sur un os, n'attirait plus les foules, assommées il est vrai par Sedan.

Je regarde la photo aérienne. On voit une brisure dans le tracé de la rue, esquissant une tangente ratée à la courbe d'hypothétiques gradins, des immeubles placards dont les pignons muets disent assez la narcissique cruauté d'une époque qui intégra bien peu son passé et ses traces. Les arènes n'éclairent pas la rue Monge.

Reste maintenant **une sorte de cour commune, un lieu multiple** où à l'ennui des souvenirs ont succédé les promenades mélancoliques, la tristesse légère, les rendez-vous manqués et les souvenirs d'ennuis.

On y a même vu des corridas sans mise à mort : quoi de plus triste en effet ?

**Découverte des Arènes de Lutèce lors du percement de la rue Monge en 1870, gravure de Smeeton.**

Paris, côté cours

Vue au sol.

ndécis et discret

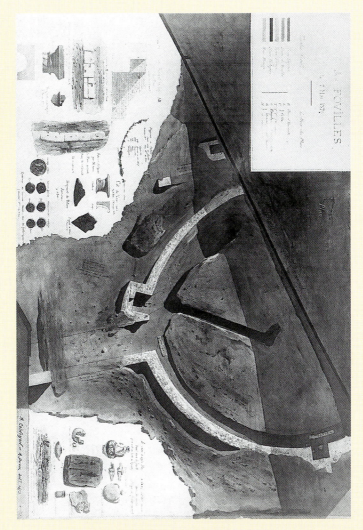

Arènes de Lutèce, état des fouilles le 7 mai 1870, dessin de Coinchon et Duval.
Vue aérienne des Arènes de Lutèce, Paris 5e.

Questions en cours

« La cour constitue un maigre sujet pour la ville contemporaine...»
Auguste Perret, l'avenue des Maisons-Tours, 1922.
Perspective par Jacques Lambert d'après Auguste Perret.
*L'illustration*, 12 août 1922.

# Ceci n'est pas une cour

Dominique Lyon

Certains, enthousiastes, vantent les métropoles génératrices de lieux vertigineux. Ils se laissent fasciner par leurs immenses concentrations de richesses, de pouvoirs, d'influences et trouvent dans leur agitation permanente des opportunités innombrables. Ces métropoles poussent verticalement, par exaltation comme par souci de rentabilité. Pourtant aucune forme particulière ne les contient : elles s'adaptent constamment en mêlant le laid et le sublime et savent détruire promptement pour mieux se reformer. Les contrastes y sont extrêmes.

D'autres, esprits circonspects, préfèrent les villes apaisées où l'urbanisme présente un visage humain, où le patrimoine savamment exploité nourrit l'imaginaire. On vise d'y circuler à vélo suivant des couloirs idoines pour regagner des quartiers tranquilles. Après avoir promené le chien, on prend l'apéro dans des cours conviviales entouré de sa famille, de ses amis. Comme hier, comme demain.

Paris affiche des ambitions universelles : plus belle ville du monde, ville lumière, phare de l'élégance et de la culture. Paris est une métropole qui cherche la prééminence. Pourtant on peut douter qu'elle veuille garder une place au rang des métropoles mondiales tant ses grandes sœurs New York, Tokyo, Londres, l'effraient alors qu'elles poussent drues. Paris, rebuté par leurs formes crues, préfère correspondre avec Berlin qui s'abîme, poussé par un troublant souci de morbidité.

Depuis une quinzaine d'années, Paris choisit de demeurer fasciné par sa morphologie. Mais la séduction qu'il exerce sur lui-même ne le rend ni hédoniste ni passionné pour autant : aucune attitude, aucun comportement qui puisse conquérir le monde au-delà du périphérique n'y a été inventé depuis la philosophie dans les cafés germano-pratins ou les jours tranquilles à Clichy. Bien protégé à l'intérieur de ses limites urbaines notre art de vivre se résume à la création de fontaines aux carrefours et à l'aménagement de jardins de curé.

À quelques exceptions près, Paris n'a pas réussi sa modernisation. Réflexes « beaux-arts » et frilosité aidant, la ville ne s'est pas saisie de l'étalon moderne : on n'a pas su y construire de tours qui revigorent et, par réaction, on n'a pas conçu d'intelligence et de civilité urbaines en dehors des valeurs dérivées de l'observation du centre ancien. Paris est devenu une ville d'artifices où peu sont désireux de promouvoir les valeurs positives qui transforment les métropoles modernes. Il est plus simple de présenter la vie contemporaine sous forme d'inconvénients.

Ayant soldé le compte du vertical, la ville s'est penchée sur elle-même. Il y a tant de choses à voir dans une ville, tant de choses à raconter que Paris a versé dans la contemplation. Douce chute qui fait oublier que l'on n'influe plus, que l'on n'oriente plus son époque. Comme dans un rêve la cour apparaît. Comme dans un rêve elle vaut plus par les qualités qu'on lui prête dans notre engourdissement que par celles qu'elle peut encore offrir. C'est dire que la cour constitue un maigre sujet pour la ville contemporaine, on peut juste convenir qu'elle alimente un bon fantasme récurrent.

### Qu'y a-t-il de rêvé dans la cour ?

Ce qu'il y a de rêvé c'est la cour comme forme urbaine particulièrement favorable à des pratiques sociales et conviviales. La cour serait un lieu privilégié, alternatif, elle demeurerait essentielle pour notre urbanité à l'heure où l'on verrait, au sein de la métropole, les comportements s'uniformiser et le social se confondre avec le paraître. La cour ferait correspondre l'épaisseur de la ville à l'épaisseur des relations sociales. Vieux rêve formaliste : en recréant une forme on réactive les saines sociabilités d'antan. Vieux rêve moraliste, la cour microcosme stable et mesuré serait un contrepoint aux dérèglements de la Babylone moderne. Vieux rêve d'architecte : elle est la formule exacte par laquelle celui-ci dispense son pouvoir à rendre les gens heureux, elle est l'occasion de leur mettre leur bonheur sous les yeux.

Bien sûr de tels rêves ne sont racontés directement que par les plus naïfs ou les moins éveillés. Mais cette métaphysique de la cour, de l'espace clos placé en retrait de la vaine agitation du monde urbain n'en marque pas moins fortement les discours et les actes de l'ensemble des architectes ou des urbanistes qui travaillent à Paris.

### Quelles images alimentent ce rêve ?

Ce n'est pas la cour du Marais totalement muséifiée. Ce n'est pas la cour du 7$^e$ arrondissement trop exclusive. Ce n'est pas la cour du grand immeuble bourgeois des beaux arrondissements. Cette dernière, débarrassée de ses concierges, domestiques, boutiques et colporteurs, envahie par les voitures, est devenue trop froide et distante. Vertigineuse, matérialisant le souci de la hiérarchie et de la stabilité, elle reste pourtant un espace de représentation spectaculaire pour les populations fortunées. Pourtant cette cour ne correspond ni à la sensibilité sociale que les urbanistes de la ville imputent « aux gens », ni à leur goût pour le pittoresque parisien.

La cour qui fournit la plupart des éléments du rêve c'est la cour du faubourg. Elle est le seul exemple à faire correspondre intimement convivialité politiquement correcte et forme urbaine.

Sans doute dans ces lieux se sont développées des sociabilités denses. Leurs occupants : artisans, classes ouvrières, parce qu'ils avaient peu l'occasion

La cour haute de la Cité Auguste Blanqui, Paris 13e.

Ateliers d'artistes et logements, 230 rue Saint-Charles et 69 rue Leblanc, Paris, 15e.
Michel Kagan, architecte ; RIVP, maître d'ouvrage ; SEMEA XV aménageur ; ZAC Citroën-Cévennes ; 1992.

**Cour du 13 rue Titon, Paris 11e.**

de se déplacer ou d'envisager le monde, vivaient leurs aires de façon très complète. Les cours étaient constamment investies, s'y accumulaient les temps du travail, du social et de l'intime.

Au contraire, le bourgeois, les classes moyennes, apprennent à se rendre mobiles, à considérer le monde et à valoriser les voyages. Ils distinguent le travail de l'intimité, l'espace est vécu moins intensément, il est un agrément, une promotion.

Aujourd'hui la part populaire de Paris n'a plus les moyens de peupler les cours des faubourgs, elle s'est amenuisée au sein de la capitale. Mais aussi beaucoup des activités qui la distinguaient ont disparu, avec elles les modes de sociabilité qu'elles généraient.

Phénomène concomitant : les habitants de la métropole contemporaine expriment un besoin d'anonymat. L'intimité devient une valeur jalouse : chacun cherche à se ménager des possibilités de repli. Le plus souvent la proximité ne crée pas les liens sociaux, les relations se tissent ailleurs que sur le palier ou dans la cour, comme les solidarités s'appliquent plus à des causes lointaines ou abstraites qu'au voisinage.

En perdant ses activités laborieuses et sa densité sociale, la cour est devenue une forme urbaine moins performante. Dégagée de ses raisons premières, elle flotte dans notre imaginaire urbain et trouve seulement à se réinvestir dans notre sensibilité.

Transformée pour l'agrément des bourgeois (lofts sur cour arborée) elle devient pittoresque. Discutée par les spécialistes elle est le sujet de théories alambiquées : comme on discutait du sexe des anges en des temps ennuyés, on s'interroge de nos jours pour savoir si la cour doit être ouverte, semi-ouverte, ou résolument fermée. Et personne ne songe à s'étonner de l'exotisme de la situation quand un nouveau quartier de Paris est réglé à partir du modèle des bastides occitanes.

### Bien sûr, la cour est une réalité

Considérée crûment, elle est un moyen pour faire vivre le plus de gens possible sur un terrain donné en appliquant au plus juste les règles d'hygiène et de gabarit, selon les impératifs de la pression foncière. Le poids du foncier variant, les règles évoluant, beaucoup de cours ont changé de forme et de destination. Sans doute aujourd'hui, les règlements sont-ils mal adaptés à la complexité d'opérations moins libres qu'auparavant vis-à-vis du parcellaire. Sans doute les plus acharnés parmi les architectes arrivent-ils à détourner ou à exploiter les réglementations et réussissent à qualifier ces espaces intérieurs de façon intéressante. Mais cela constitue-t-il un enjeu ? Cela fait-il débat ?

L'attention et la sensibilité portées à la cour, c'est autant de curiosité et de pragmatisme en moins accordés à notre condition urbaine contemporaine. Le confort intellectuel l'emporte sur la recherche de solutions adaptées quand les concepteurs de quartiers nouveaux préoccupés de « continuité urbaine », se servent de la cour pour faire ressembler à un tissu de métropole du XIX$^e$ siècle des ZAC entières à Nanterre, Boulogne ou dans l'est parisien.

Cour rue de Pommard, Paris 12$^e$. Dans la ZAC Bercy. Architectures de Ph. Chaix et J.-P. Morel et de F. Hammoutène.

Questions en cours

### La cour joue alors un rôle opérationnel
### L'outil a deux fonctions

D'une part les bâtiments organisés autour de cours forment des ensembles bâtis suffisamment épais pour que soit décliné le vocabulaire urbain statique et hiérarchisé que l'on prête à la tradition urbaine parisienne : avenue, rue, alignement d'arbres, place (placette surtout), porche, cour.

Peu importe que la raréfaction du petit commerce affadisse les rues nouvelles, peu importe que les voitures s'y agglutinent et que les immeubles ne sachent pas intégrer les entrées parkings, peu importe que les alignements d'arbres assombrissent les rez-de-chaussée habités, peu importe que l'on n'arrive plus à dénommer le dispositif (ah ! les noms de rues et de places dans les quartiers nouveaux, ah ! l'avenue de France… ). Ce qui compte c'est que soient assurées les apparences d'une sociabilité urbaine pittoresque.

D'autre part, les gabarits urbains se règlent autant sur la rue que sur la cour. Autour de cet espace mesuré – le terrain coûte cher – les immeubles ne peuvent pas pousser trop haut. Résultat : immeubles moyens, petits espaces autour desquels les habitants se regardent en chien de faïence. Cette morphologie correspond plus à l'expression d'une sensibilité nostalgique incapable de penser au-delà du *vélum* parisien, qu'à une approche urbaine pragmatique. Par exemple : l'avenue d'Italie ou le site de l'opération Seine-Rive-Gauche auraient beaucoup à gagner si leurs nouveaux immeubles grimpaient à R+12 et si le rapport au sol de ceux-ci était plus riche. À l'instar de nombreux bâtiments parisiens, dans le 16e arrondissement, mais aussi dans le 13e – notamment les barres rénovées par Christian de Portzamparc – qui jouent avec de belles hauteurs et de belles longueurs, dégagent le sol grâce à des pilotis, laissent passer les vues et la verdure, accueillent la voiture, préservent l'intimité, ménagent du recul par rapport à la circulation, communiquent une idée généreuse de l'espace… donnent une image moins étriquée de la ville et du plaisir d'y vivre en société.

Il y a dans ces exemples des potentiels que la sensibilité investie dans la cour préfère ne pas exploiter. La cour, si elle a été une figure de l'intelligence urbaine, est aujourd'hui devenue une bonne expression de notre ligne de repli, en deçà de toute culture urbaine contemporaine. ●

*Dominique Lyon, architecte, vit et travaille à Paris. Il est professeur invité à l'École spéciale d'architecture.*

Immeuble de logements, 69 quai de la Gare, Paris 13e. Pierre Gangnet, architecte ; SGIM, maître d'ouvrage ; SEMAPA, aménageur ; ZAC Paris-Rive-Gauche ; 1996.

« Ces lieux serrés, presque indiscrets... »
Cour jardinée, 46 rue du Faubourg-du-Temple, Paris 11e.

# Éloge de l'épaisseur

**François Leclercq**

Dans les belles pages de l'atlas urbain imaginaire que le promeneur des villes traîne au gré de ses parcours, figure en bonne place le jardin caché ; pas la cour réduite, serrée, coincée, mais celle qui le temps d'un porche vous transporte d'une rue dense et sonore vers un jardin calme, éclairé, luxuriant refuge de quelque vie cachée et secrète : lieux dévoilés au hasard d'une rencontre, d'une porte entrouverte ou d'un code détraqué. En fait, il s'agit d'espace non contingenté dont la qualité en serait presque une quantité indécente puisque si peu publique.

Ils existent un peu partout dans Paris, issus d'une commande particulière ou d'une récupération heureuse, que ce soit un rêve philanthropique donnant la Ruche dans le 15$^e$ arrondissement, des jardins de religieuses dans le 7$^e$ ou des hôtels particuliers ayant échappé au dépeçage.

Certes, cette disposition est un fantasme digne de la ville à la campagne, qui perd de son sens quand il est développé de manière systématique en trame ou *a posteriori* en drame de curetage ; mais si l'on considère que le principe d'une ville comme Paris est de se décliner, en partie, selon une histoire faite d'annexions, de transformations et de liaison surimprimée, d'autres évolutions urbaines que le dernier POS en cours peuvent être évoquées pour sortir de la généralisation systématique d'un tissu uniforme.

Le principe actuel d'occupation des îlots revient à définir un système dimensionnel issu d'un prospect très similaire à ceux utilisés pour les voies publiques : d'où cette impression d'une banalisation des lieux extérieurs de la ville, cette ressemblance entre rue et cour qui, due à la proximité des constructions développe un caractère très identique de typologie, d'apparence, de rapport à l'extérieur. Souvent les immeubles ne font que consommer leur droit à construire selon des figures en T constituées en ruban de 12 mètres s'éloignant respectueusement des limites de la parcelle, formant de fait avec le voisin des segments de rues qui n'en sont même pas, qui ne sont ni passage, parce qu'incapables d'en développer la fonction, ni grand-chose.

Le prospect est donc devenu le genre urbain, cumulant les nécessaires avancées hygiénistes des rues puis des cours, sans autres ambitions.

Historiquement, l'élargissement des voies provient de préoccupations multiples dont, principalement, l'embellissement, la circulation, le contrôle, la ventilation, l'éclairement. Les cours, entre autres pendant la seconde moitié du XIX$^e$ siècle, ne seront pas assujetties à des demandes dimensionnelles similaires. C'est

De gauche à droite : **La Ruche, 2 passage Dantzig, Paris 15e. Alfred Boucher, sculpteur et peintre, 1902.**

**Vue sur la verrière sur cour de l'immeuble de la CFDT, rue des Dunes, Paris 19e. Denis Valode et Jean Pistre, architectes ; CFDT, maîtres d'ouvrage ; Caisse des dépôts et consignations, maître d'ouvrage délégué ; 1990.**

à la rue de supporter cette volonté nouvelle de création de vide. La cour n'a jamais été, en fait, l'objet d'un désir de projet dans l'architecture ordinaire : juste un lieu de contingences minimales, qui a fait que le hasard des collages et des juxtapositions semble donner à un quelconque jardin préexistant une valeur exceptionnelle.

Certes, il y a le cas « Palais-Royal », exemple récurrent qui est devenu un idéal urbain pour des générations successives de penseurs des villes : de Louis Bonnier, fustigeant les effets de la circulation dense et bruyante et concluant, de fait, à la supériorité du Palais-Royal sur la rue Montpensier pour y accueillir des fenêtres d'habitation, à Le Corbusier proposant, selon la même référence, des lotissements fermés à alvéoles pour son projet d'« une ville de 3 millions d'habitants ». Certaines démonstrations réalisées avec conviction montrent la compétence de ces lieux faits de géométrie, de dimension et de verdoyance comme le font par exemple les logements de la rue de Meaux réalisés par Renzo Piano. Souvent issus d'une opportunité foncière particulière, ces systèmes présentent une volonté de retournement, presque d'éloignement vis-à-vis de la ville dense tout en profitant de sa proximité immédiate.

Si l'on considère que la densité d'une ville comme Paris doit être une constante et qu'aucun espace libre « privé » ne peut justifier une diminution de l'occupation d'un îlot, il serait peut-être opportun de développer de nouvelles dispositions typologiques travaillant sur la constitution interne des immeubles.

Cette demande constante de « plus d'espace libre dans la ville » qui aboutit, dans la même logique, au plan barre héliotropique ou à l'îlot ouvert quelques temps plus tard, pourrait aussi avoir une incidence sur la capacité, la contenance des immeubles d'alignement sur rue. Pour ça, il s'agit simplement de parler de l'épaisseur, de revenir vers certaines études, certaines réalisations ou d'imaginer comment sortir de cette normalisation qui voudrait qu'on ne puisse habiter que dans des profilés n'excédant pas 13 mètres de large. Quels que soient les principes urbains développés dans les plans-masses au gré des études urbaines, la seule constante est cette épaisseur étirée comme un ruban unique sur un thème néo-novateur, kitsch ou forcément moderne.

Sortir de l'uniformité engendrée par le prospect, c'est imaginer une hiérarchie entre les espaces extérieurs, de la cour au jardin, selon leurs usages et leurs fonctions. D'où, peut-être, un réinvestissement de la cour, même réduite, pouvant éclairer certaines parties des habitations. Certes, elle a disparu par hygiène, par l'arrivée des ventilations mécaniques et par sécurité. Ces lieux serrés presque indiscrets par leur manière de raconter l'intimité, pourraient aujourd'hui, puisque débarrassés de considérations techniques d'aération, s'occuper d'abord de la lumière : d'une lumière particulière, travaillée par la profondeur, et les réflexions multiples, assez constantes, en contraste avec celles venues des autres façades. Une lumière qui sache évoquer un certain calme, qui puisse conférer à l'intérieur des logements une autre vocation que le stockage ou la salubrité technologique des salles de bain aveugles. Mais sans forcer exagérément la nostalgie, on pourrait se rappeler de ses rapports de voisinage, faits aussi d'ombre et de silhouettes, de bruits étouffés et de lumières allumées.

L'époque veut que le vitrage soit la façade, proposant ainsi une mise en confrontation permanente avec la ville dans tous ses états. Certes, l'expérience visuelle y est parfois fascinante, mais une réelle juxtaposition, dans le même logement, entre différentes attitudes d'éclairement, ne pourrait que renforcer leurs qualités particulières.

Ce système de cour se révèle à peu près impossible aujourd'hui pour des raisons de « sécurité incendie » qui bannissent les proximités, les rétrécissements. Ces règlements inflationnistes qui se développent chaque année sans contradicteurs, parce que la cause des pompiers est a priori inattaquable, dessinent de manière de plus en plus précise les villes ; comme si les chemins de grues avaient laissé la place aux voies pompiers comme hypothèse de tracé régulateur. Aucun immeuble d'habitation construit depuis moins de vingt ans n'a

**Immeuble de logements, 72 boulevard Barbès, Paris 18ᵉ. Marc Mimram, architecte ; RIVP, maître d'ouvrage ; 1995.**

heureusement été détruit par le feu, peut-être serait-il possible de réinvestir les limites de ces réglementations pour proposer un carcan moins serré à la ville.

Évoquer l'épaisseur, c'est aussi considérer supportable le second jour, entre autres pour la cuisine. Des blocs de New York aux Unités d'Habitation, puis Nemausus, plusieurs solutions en montrent l'efficacité surtout quand la volumétrie intérieure développée sur plusieurs niveaux laisse entrer la lumière largement jusqu'au centre de l'immeuble. Les ateliers d'artiste, puis plus tard leurs descendants légitimes que sont les duplex, ont exploré cette typologie particulière qui permet, par abondance de volume, de proposer une alternative à la projection systématique de toutes pièces vers l'extérieur. Les espaces de grandes hauteurs se constituent alors comme lieu distributeur de vue et de lumière pour d'autres pièces d'un logement. De tels systèmes développent des suites élaborées d'échelles, de multiplicité de dimensions et de vues qui font que l'épaisseur se lie alors en profondeur, multipliant les champs de vision, les plans successifs, les logiques d'espace intermédiaire entre le public et l'intime.

Laisser libres les intérieurs d'îlots, c'est sans doute partiellement occuper un peu plus cette fameuse bande de vingt mètres longeant les voies et définissant le lieu de la construction dense. L'immeuble à redent sait le faire de manière assez efficace. Hénard en voyait les avantages, surtout vis-à-vis des nouvelles voies à créer : « pour qu'une voie publique rende tous les services qu'une circulation intensive est en droit d'exiger d'elle, il faut que sa chaussée carrossable soit correctement alignée, et que sa largeur soit uniforme, sans étranglement ni ressaut sur tout son parcours. Cette vérité de toute évidence doit-elle entraîner l'alignement rigoureusement correspondant des édifices et des arbres qui bordent la chaussée. On pourrait donc substituer à la suite indéfinie et monotone des maisons et des arbres, des groupes alternés d'arbres et de maisons. On obtiendrait ainsi un type nouveau de boulevard offrant des avantages très appréciables sur les types actuels. »

Nombre de bâtiments ont démontré l'efficacité de ces solutions capables de développer un linéaire de façade important sur un alignement réduit. L'immeuble d'Auguste Perret sur la rue Franklin-Roosevelt, véritable machine à éclairer dans les coins, présente cette compétence vis-à-vis de l'espace public. Ces systèmes géométriques peuvent se décliner entre rues et jardins en orientations multiples. Il ne s'agit pas de proposer ici un inventaire définitif des systèmes à fabriquer de l'épaisseur, mais seulement d'évoquer cette nécessité parce que les intérieurs d'îlots méritent mieux qu'une densification banalisée. Les immeubles pourraient partager un jardin plutôt qu'un contrat de cour commune.

L'espace public est devenu l'objet de toutes les attentions comme lieu fédérateur de la multiplicité des interventions au coup par coup ; pour autant, essayons de ne pas oublier ces lieux quasi mineurs parce qu'invisibles du grand nombre. Ces cours pourraient devenir jardins, si on les considérait comme un *a priori* à la constitution d'un îlot. Ainsi, dans des villes incertaines, les jardins secrets pourraient continuer à se cacher.●

*François Leclercq, architecte, vit et travaille à Paris. Il enseigne à l'École d'architecture Paris-Tolbiac.*

De haut en bas : **Immeubles de logements, rue du Mail et boulevard Macdonald, Paris 19e. Daniel Kahane, architecte, Jacques Coulon, paysagiste ; SAGI, maître d'ouvrage ; 1997.**

**Immeuble de logements avec commerces, rue du Mail et boulevard Macdonald, Paris 19e. Roland Schweitzer et Marie Schweitzer, architectes ; SAGI, maître d'ouvrage ; 1997.**

**Cour dans la ZAC Bercy. Architectures de F. Céria et A. Coupel (au premier plan, à g. et à d.). Au fond, bâtiment de Y. Lion, Paris 12e. 1997.**

# L'appel de l'intériorité

Frédéric Borel

L'espace de ville est composé de resserrements et de dilatations, de rues et de places, mais les masses construites qui déterminent en négatif ces espaces publics sont elles-mêmes creusées de zones mystérieuses de calme et de silence : les cours. Si les rues et les places s'affirment comme les espaces de la relation où chaque habitant se met en scène, s'expose au regard de la collectivité, les cours se déploient comme leurs envers absolus, comme les espaces de l'intimité, où, libéré du poids niveleur du regard, s'exhibe en toute impunité, le secret et l'indicible.
Cette cruelle dichotomie semble constitutive de l'urbanité. D'un côté des surfaces sculptées de pierre ou de stuc, un espace instrumentalisé (par les commerces, par la circulation des hommes et des marchandises) ; de l'autre, un jeu de volumes, un chaos de formes, et la promesse de l'espace vrai. D'un côté, des gestes ritualisés, réglés par un décor figé ; de l'autre, du singulier, de l'éphémère (la femme en peignoir, la dispute, le bébé hurleur), le lieu incertain où l'intimité voisine avec l'obscénité. D'un côté, l'homogène, l'ordre, l'habitude, la mesure ; de l'autre, l'hétérogène, le désordre, l'insolite, la démesure. D'un côté le réel, le trivial ; de l'autre l'irréel, le surréel : si les rues et les places appartiennent au monde, ne sont que des fragments du monde, les cours annoncent d'autres mondes, multiples et insaisissables.
La cour de l'hôtel de Beauvais exprime, à sa manière, cette opposition : une façade plane qui ne laisse rien présager de l'intérieur, et une scénographie qui fait signe vers un ailleurs. Ainsi dans la cour, bien que les constructions soient hautes, l'espace resserré, l'organisation architecturale affirme l'horizon, l'ouverture. Cette impression de profondeur ne semble créée que par la petite terrasse triangulaire définie par la différence entre le socle en bossage du rez-de-cour et le premier étage. Comme si l'enveloppe s'étirait organiquement, en accomplissant un mouvement de dilatation, de respiration...
Dans son souci de transparence absolue, la modernité a voulu éradiquer la cour. Elle est pourtant le support indispensable qui permet à chacun d'élaborer mentalement une autre ville, **sa propre ligne de fuite quand l'univers comme une chape de plomb**. Des cours, de l'imaginaire dont elles sont porteuses, surgissent les mille et une villes analogues que chacun porte en soi et qui se posent comme les doubles nécessaires de la ville réelle...

**Dessin de Frédéric Borel. Hôtel de Beauvais, 68 rue François-Miron, Paris 4ᵉ.
Antoine Le Pautre, architecte, 1654.**

devient trop pesant, quand il se referme

Il faut ouvrir des seuils pour faire communiquer, sans jamais les mélanger, l'espace onirique de la cour et l'organisation rationnelle de la rue. Avec les armes propres de l'architecture il est possible d'insérer des plages d'expression libre dans la ville, sans pour autant la mettre en crise, de faire pressentir partout la promesse d'une utopie radicale : parce que la cour se pose comme le lieu d'une étrangeté essentielle où l'on perd tous ses repères pour mieux se retrouver...

*Frédéric Borel est architecte DESA. Il vit et travaille à Paris.*

« Les feuilles des arbres proches imposent leur système lacunaire... »
La cour du 15 rue Victor-Massé, Paris 9e.

# L'horizon des cours

Michel Corajoud

Évoquer l'horizon, à propos des cours parisiennes, relève du paradoxe puisque les cours sont presque toujours circonscrites par des façades d'immeubles qui les privent d'ouverture sur les lointains.

  La cour est une portion raisonnable d'espace ouvert laissé, en creux, dans un ensemble massif de constructions. Par cette lacune, où, le plus souvent, la verticale domine, la cour emprunte une part étroite de ciel qui donne le jour aux parties arrières des bâtiments.

  Les rues, les avenues, les places… les espaces publics sont aussi des creux laissés dans la concrétion de la ville mais, à la différence des cours, ils s'articulent et se prolongent les uns par rapport aux autres, ils forment un continuum qui, par le jeu des enchaînements et des basculements, est relié, en dernier lieu, à l'horizon.

  Il y a bien sûr des cours dont un ou même plusieurs côtés s'ouvrent sur la rue et sa continuité, mais elles gardent toujours une position latérale, une sorte de mise entre parenthèses qui les soustrait de toute réelle mise en perspective.

  L'espace de la cour est sous le règne prioritaire d'une pensée de l'inclusion qui organise l'intériorité des bâtiments alentour mais, parce qu'il est ouvert et parce qu'il est également en contiguïté avec les espaces publics, il est aussi le lieu contradictoire où sont mises à l'essai les conditions élémentaires qui donnent de la fluidité aux espaces extérieurs.

  Je propose donc, comme hypothèse, qu'une fois obtenues les conditions générales qui donnent à la cour son autonomie, son intimité, soient alors mis en œuvre, implicitement ou explicitement, mille stratégies et artifices dont beaucoup sont empruntés au vocabulaire du jardin, pour accroître le sentiment de l'étendue de la cour, pour s'affranchir de ses limites trop stables et donc pour y faire le mime d'un rapport à l'horizon.

  L'exposition montre l'extraordinaire variabilité morphologique des cours parisiennes ; elles sont plus ou moins grandes, plus ou moins fermées, plus ou moins minérales…

  Pour nourrir et développer mon hypothèse, sans me perdre dans cette diversité, je propose un protocole de trois conditions particulières :

  – les qualités de la cour qui illustre mon propos n'appartiennent, dans le texte, à aucune cour particulière mais au mélange de toutes celles que j'ai vues.

— l'image de la cour y est majorée par mes souvenirs d'enfance c'est-à-dire au moment où ma petite taille amplifiait encore les espaces que je fréquentais.

— la matérialité globale de cette cour est plus végétale que minérale, parce que c'est dans l'espace jardiné des cours que la panoplie des ruses, pour en transgresser les limites, est à son comble.

### Transgresser

Je commencerai par la plus élémentaire des formes de transgression, celle qui agit au seuil même de la cour dans l'ombre épaisse de son porche d'entrée. Vu de l'intérieur, un rai de lumière vive s'infiltre en permanence sous la porte, il forme une échappée très étroite mais aussi très intense qui stigmatise l'imaginaire et qui, soudain, mêle la cour à la vivacité de la rue et de la ville tout entière.

C'est, bien entendu, sur les façades de la cour que se concentrent en priorité, tous les effets qui tentent de déjouer les obstacles ou d'en estomper la présence. Les feuilles des arbres proches ou celles des plantes grimpantes ont cette faculté de cribler la surface des murs, elles y imposent leur système lacunaire et nous aident à les outrepasser. Le treillage en bois peint est un des artifices préférés de la cour, il est là bien sûr pour porter, conduire ou évoquer des plantes mais il est là aussi, pour contredire l'orthogonalité dominante des constructions par l'assemblage en diagonale de ses lattes, qui dessinent de nouvelles lignes de fuite. Souvent les treillis représentent en plan perspectif, des arcades et des pilastres qui convergent à l'horizon et introduisent de l'infini dans l'étroitesse de la cour. Toute cette végétation vraie ou simulée au voisinage des façades, cet encombrement de feuilles, de fleurs, de branches obliques conduisent la lumière, et donc l'attention, vers l'étage le plus bas de la cour, l'étage tactile dont l'emprise est totalement bouleversée : surdensifier le bas pour faire oublier le haut.

Souvent, c'est aussi la diversité des volumes construits de la cour elle-même qui, par fragmentations, participe à l'indécision de ses limites. En premier plan, des petits appentis, des vérandas, galeries et marquises mettent à disposition leur perméabilité, leur pénombre et leurs décrochements pour dilater sensiblement les contours. En second plan, les constructions principales qui bordent chacun des côtés de la cour ne sont pas toujours de même importance : on voit souvent s'organiser des mitoyennetés décroissantes, du grand immeuble collectif à la maison bourgeoise, à l'appentis et enfin, au mur ou à la grille qui sont en limite de la rue. Cette diversité fragmente la ligne supérieure des toitures, la « ligne de ciel », elle évite ainsi, en pleine lumière, les partages trop clairs entre le ciel et le cadrage de la cour.

Les soubassements jouent aussi, un rôle décisif dans l'accroissement des dimensions de la cour. Par cette épaisse ligne de flottaison, à hauteur du buste, les distances sont souvent déformées vers le haut par le jeu d'un perron, associé ou non à une terrasse ou à une marquise ; ou vers le bas par l'entremise de soupiraux couverts de mousse et de salpêtre qui introduisent l'univers obscur

Miroir d'eau, boulevard Edgar-Quinet, Paris 14e.

Ardoises, avenue de Suffren, Paris 15e.

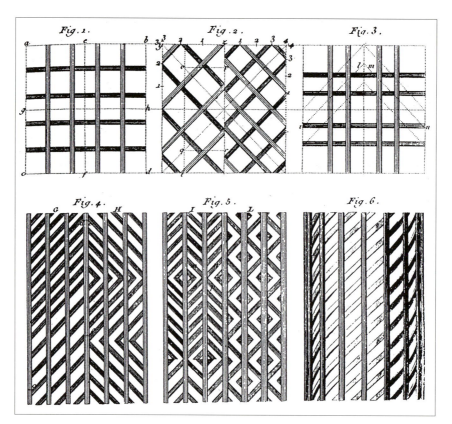

« Compartiments droits et propres à être exécutés en treillage. »
Extrait de *L'art du treillage de jardins du XIV<sup>e</sup> siècle au XX<sup>e</sup> siècle*, 1993.

et humide des caves. Plus généralement, toute la modénature de la façade participe à cet approfondissement. Dans la cour, où la confiance est plus établie, les fenêtres et les volets s'entrouvrent volontiers.

Familiers aussi, les grands pignons de pierres qui dominent tout l'espace comme des falaises, comme des amers pour une cour infiniment distendue.

Tout cet arsenal de moyens mis à disposition pour amplifier le cadrage de la cour, pour tromper nos estimations, finit par transformer ce lieu assurément fermé en une aire géographique beaucoup plus vaste et perméable : le biotope de la cour. Optimisation du climat, conduite particulière de la lumière, modération du bruit, limité à quelques voix familières qui, ici, font un écho comme elles le feraient dans certains grands sites naturels.

S'organise, de la même manière, tout un travail sur le cloisonnement interne de la cour, sur la démultiplication des plans intermédiaires, comme la succession des décors qui donne de la profondeur à une scène de théâtre. La limite intérieure, la plus irradiante, celle qui prolonge sans fin perceptible la juridiction des lieux, c'est le mur de clôture de « la cour d'à côté ». Combien de temps chacun de nous a-t-il passé, juché sur un mauvais support, à scruter, au travers des frondaisons, cette terre inexplorée, ce monde mitoyen pour tenter, en vain, de l'embrasser ? La « cour d'à côté », qui n'est jamais que la duplication de celle où l'on vit, a, très souvent, le pouvoir de fondre notre espace dans un domaine illimité.

Dans la cour jardinée, une haie serpentine taillée ou des massifs aux formes organiques dessinent des enchaînements d'espaces aux géométries contournées. Parfois des chemins, exagérément étroits, s'éternisent en circonvolutions bordées de buis aux feuilles minuscules. Des arbres, laissés libres, accusent un port infléchi par la distribution de la lumière qui est, dans ce creux, trop économe et très capricieuse. Ces troncs obliques, souvent noueux, collaborent, en se superposant, à la perte générale de nos références.

Dans les cours-jardins l'intervention est souvent minimum, on laisse volontiers les choses sédimenter. De vieux arbres moribonds jouxtent de très jeunes tiges venues spontanément ; d'anciennes tonnelles en bois ou en métal, dépourvues de plantes, ne jouent plus leur véritable rôle : elles ajoutent seulement quelques parallèles, quelques arcatures à l'encombrement de l'ensemble. L'ancienneté voulue et maintenue des éléments qui structurent la cour est une manière de les naturaliser c'est-à-dire de les restituer, par leur patine, à la nature et donc de faire de la cour un véritable fragment de paysage.

L'évocation de la nature est présente dans beaucoup d'objets usuels : les vases, les vasques, les chéneaux, les descentes, les gouttières, jusqu'au tuyau d'arrosage dont les arabesques sur le sol font penser à une étroite rivière.

### Exacerber

L'exacerbation des différences de niveaux à l'intérieur de la cour est une ressource de plus pour en majorer l'étendue. Parfois, c'est la pente originelle de tout un quartier qui se répercute dans son périmètre. Les talus, les soutènements, les escaliers induits, même s'ils sont de peu d'importance ou de faible amplitude, réfèrent, sans conteste, ce petit espace enclavé, à une géographie très large dans laquelle il se resitue. Ce dépassement du champ visuel strict peut être provoqué par des moyens plus artificiels : l'exhaussement ou l'enfouissement d'une partie ou totalité de la cour, décidé par le désaccord des niveaux des bâtiments mitoyens ou par le besoin de faire un peu de jour dans le haut des caves. Dans toutes ces configurations, le fait de monter ou descendre ne serait-ce que quelques marches, le fait de s'accouder à une balustrade de pierre, de contourner une maçonnerie provoquent immanquablement une hypertrophie de la perception ; hypertrophie d'autant plus forte que l'espace ainsi accidenté est exigu. La mise en œuvre de micro-topographies débouche toujours sur un foisonnement de l'espace travaillé, tous les paysagistes-jardiniers le savent !

Les revêtements du sol des cours participent, à leur tour, au même enjeu. L'appareillage des dalles de pierre, pour les allées dites en *opus incertum*, dévoile bien l'idée, qui est sous-jacente à cette entreprise occulte de déstabilisation du jugement, d'altération du sens de la mesure. Le temps, parfois, est à lui seul un agent qui fait de l'illusion, lorsqu'il fissure en tous sens la surface de ciment qui recouvre presque tout le sol des petites cours sèches et lui donne l'aspect d'une immense table de roche.

Mais, plus généralement, la granulométrie des textures de sol est souvent petite. Les allées de gravillons roulés, de mignonnettes qui crissent sous le pas, en sont l'archétype. On utilise parfois, des éléments modulaires, des pavés de grès ou de granit, des carreaux de pierre ou de ciment en adoptant la pose dite « en losange ». L'usage de la diagonale pour tirer les lignes de joints, est un artifice connu, nous l'avions évoqué pour la direction des lattes de treillage ; artifice qui fortifie les effets de la perspective en exagérant l'impression de l'étendue. L'indécision générale des tracés fait aussi partie intégrante de ce jeu, la pierre dite *opus incertum* en témoigne. Mais, à ce point, il faudrait situer historiquement la cour dont je parle, car des résultats comparables sont obtenus par des moyens contraires. Il y a, dans la rigueur froide des « cours classiques », des élargissements considérables de la perspective, obtenus par des tracés parfaitement réglés.

Dans les cours parisiennes, il y a donc association entre des effets de débordements, d'enchaînements et des effets d'amplifications. Mais leur véritable magie, relève d'une irréductible contradiction entre le sentiment d'être dans un lieu protégé, qui a clairement établi son indépendance vis-à-vis d'un dehors tumultueux et celui d'être inévitablement porté à l'évasion par des stratégies lilliputiennes qui vous font rejoindre l'immensité du monde et ses horizons. •

*Michel Corajoud, architecte paysagiste en profession libérale, est professeur à l'École nationale supérieure du paysage de Versailles.*

Cour rue Chanoinesse, Paris 4e.

Immeuble de logements, 2 rue de Civry, Paris 16e.
Jean Ginsberg, architecte ; 1964-67.

Immeuble de logements, 64 bis et ter rue de Meaux,
Paris 19e. Renzo Piano Building Workshop, architectes ;
avec Bernard Plattner, architecte associé ;
Michel Desvigne et Christine Dalnoky, paysagistes ;
Mutuelles du Mans, RIVP, maîtres d'ouvrage ; 1991.

« Un intérieur sans toit… »
Voie privée, 73 rue Notre-Dame-des-Champs, Paris 6e.

# L'échappée belle

**Christian de Portzamparc - Pierre Gangnet**

**Pierre Gangnet :** On s'accorde à dire qu'on ne sait plus décrire la ville contemporaine, appréhender les intérieurs d'îlots, ni même trouver les outils de cette description qui ne peuvent être ceux de la morphologie traditionnelle. Décrire c'est projeter. Quels schèmes convoquer ?

### Décrire

**Christian de Portzamparc :** Parlons de l'îlot tout entier, je vois une nécessité centrale à le repenser.

Car il fut répudié. Et s'il revient, c'est nécessairement autre. L'histoire ne se reproduit pas. Elle a franchi, en cinquante ans plus d'espace qu'en deux mille.

L'histoire de l'îlot c'est l'histoire de la ville comme forme. Et c'est penser à la fois ville et architecture, plein-vide, public-privé, circulation-logement.

Le schème de l'îlot est l'articulation clé dans les situations urbaines classiques. Mais c'est aussi par rapport à lui que peuvent se lire les situations de l'époque moderne.

Parler de l'intérieur de l'îlot tel que nous le connaissons le plus souvent, c'est parler d'un espace historique issu du parcellaire aligné sur les voies. Espace formé par cette continuité collée entre les bâtiments. Tout l'héritage moderne refuse plus ou moins cette mitoyenneté. Mais par ailleurs l'intérieur de l'îlot est aussi pour moi un espace en creux, un intérieur sans toit, qui peut être merveilleux ou sinistre. Cette notion d'enveloppement bâti est à réfléchir : est-elle obsolète, universelle, atemporelle ?

Quand fut congédiée l'idée que la ville historique serait rasée, nous avons eu à projeter dans les îlots existants. J'ai aspiré à les ouvrir, à en faire des lieux plus ou moins publics où l'on puisse entrer, que l'on puisse voir. J'ai cherché à les éclairer, à reconquérir à travers l'architecture de ces intérieurs d'îlots l'idée perdue d'un espace de la ville. En général, on ne voit pas de réflexion sur ces sujets. On pense logement, on pense immeuble, on pense plan-masse et les espaces extérieurs sont déduits.

**P. G. :** En septembre 1994, interviewé par *L'Architecture d'Aujourd'hui*, tu appelles à repenser la césure, alors ouverte, entre architecture et urbanisme faisant allusion aux années 1980 qui avaient vécu sous la prééminence de l'objet architectural. Or, on voit actuellement, si on se réfère à deux ZAC, Bercy et Massena, des pièces urbaines architecturées où le vide, les vides et donc les cours, ne seraient que l'espace de jeux entre des parties de ces pièces, des vides pour des pleins, sans qualités pour eux-mêmes.

L'œuvre globale laisse-t-elle une chance aux différences et à l'hybridation de ce qu'il faut continuer à appeler des cours ? Le vide n'est-il ici qu'une garantie de l'urbanisation de l'architecture ?

### Statut du vide

[1. Lao-Tseu, *Tao-tö-king*, XI, Paris, Gallimard, 1967.]

**Ch. de P. :** Je cite souvent cette phrase de Lao-Tseu[1] qui parle de la maison et dit qu'elle n'est pas faite de matière, et que ni les murs, ni le sol, ni le toit ne la constituent, mais qu'elle est le vide entre tous ces éléments, « parce que c'est là que j'habite » dit-il.

À l'époque où je faisais le concours de la Roquette ou les Hautes-Formes, je parlais du vide comme la valeur à travailler, celle que les modernes avaient rejetée. Pour les non-architectes c'était du chinois et pour les architectes ça avait sans doute l'air trop simple. Un critique avait écrit à propos de la Roquette que j'avais tort de croire que « le vide pouvait être une valeur moderne ». Il y avait donc une vulgate non écrite qui disait « ne pensez plus à cela, ce n'est pas moderne » ! Or, penser cela, c'est penser ce qui est propre à l'architecture. Je parlais d'espace intérieur et c'est un peu abstrait. Je n'employais pas le mot « cours », dans lequel je ressens une notion peut-être un peu fermée. Mais pourquoi pas. C'est concret.

Pour architecturer les cours, je pense souvent aux portes et aux fenêtres de ces intérieurs à ciel ouvert : ils apportent la lumière, les vues lointaines, empêchent la claustrophobie, permettent l'intimité heureuse. Sans cela, pas de vie. Puis vient le rythme des parois. Mais l'ouverture de l'îlot n'est pas un dogme. Sous d'autres climats, ou dans des institutions unifiées, on peut imaginer des patios, les cloîtres pourquoi pas.

**P. G. :** Ta contribution, construite ou non construite, pour Paris, depuis le concours de la Roquette (je mets de côté pour l'instant le travail sur la rue Nationale) oscille entre deux figures urbaines apparemment opposées.

L'une, au grand vide solaire, au ciel libre. Je pense à la Roquette, aux dessins des Halles ou, plus récemment, à la porte d'Asnières. Au fond, un retour (critique ?) sur la figure du Palais-Royal ; des chambres urbaines en tous cas.

L'autre fait toute sa part à la densification concertée, aux rapprochements, aux vis-à-vis calculés, attentive aux rayons de soleil et aux ciels zébrés. Je pense à des projets comme les Hautes-Formes, dans une certaine mesure au Conservatoire de musique du 7e et, enfin, au quartier Massena ; la figure de l'îlot ouvert.

Ces deux figures peuvent-elles s'appréhender avec une clef de lecture commune, sous le paradigme de la distance, prise comme du vide mesuré ?

Les Hautes-Formes, logements, rue des Hautes Formes, Paris 13e. Christian de Portzamparc, architecte ; RIVP, maître d'ouvrage ; 1979.

Concours de la Roquette, terrains de l'ancienne prison, Paris 11e. Christian de Portzamparc, architecte ; concours organisé par la Ville de Paris ; 1974.

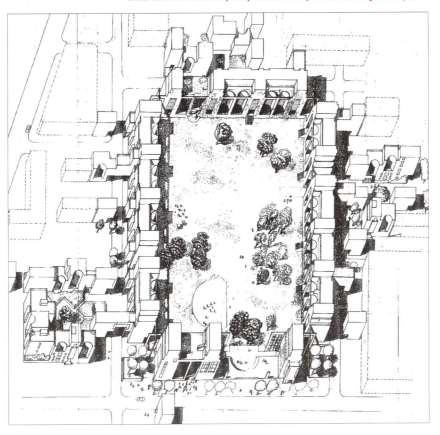

Maquette du secteur Masséna, ZAC Paris-Rive-Gauche, Paris 13e.

### Deux figures

**Ch. de P.** : Je prendrai l'exemple du grand bazar d'Ispahan, de la place ducale de Vigevano, ou plus simplement de la place des Vosges. Ou encore de ce que j'ai rendu pour le PAN en 1974, complétant le modèle de la Roquette d'une série de cours, placettes et labyrinthes périphériques.

Dans l'apposition de ces deux figures, le grand vide entouré du labyrinthe, il y a un potentiel sublime, la plus grande richesse de perception spatiale ; l'un et le multiple. Figures de la dualité dans mon travail, qu'a analysé Jacques Lacan.

Le *staccato*, l'irrégulier, le traitement « fractal » des parois agrandit une petite cour. Une grande peut accueillir le ciel tout entier ou bien la forêt, si le bord a du rythme, du souffle (la Chartreuse de Pavie, cette immense prairie cadrée de pavillons ou bien Central Park à New York).

**P. G.** : Rue Nationale, on voit un travail de recomposition des limites (il faudrait peut-être parler de lisières). Limites de la rue ou limite des opérations ? Valorisation des intérieurs par création de spatialités incluses ou tentative de faire lire l'espace public ?

### Limites

**Ch. de P.** : Nous nous trouvons en face d'un quartier très curieux, une sorte de monstre historique où deux systèmes contradictoires se superposent : celui de l'Âge I, avec ses rues et ses immeubles mitoyens, et celui de l'Âge II qui a disposé ses bâtiments autonomes en prenant soin, partout, de s'opposer au système des rues, en ne s'alignant jamais avec elles, fût-ce avec un degré d'écart ![2]

2. Christian de Portzamparc, « Paris : pourquoi parler d'Âge III », dans *Métamorphoses parisiennes*, (dir.) Bruno Fortier, Éditions du Pavillon de l'Arsenal, Pierre Mardaga Éditeur, 1996.

Paris, côté cours

Construction et réhabilitation de logements, 119-149 rue Nationale, Paris 13e.
Christian de Portzamparc, architecte ; RIVP, maître d'ouvrage ; 1990-95.

Le projet consiste à rassembler les deux systèmes, pour former un véritable hybride.

Je tente de supprimer les espaces interstitiels inutilisables, de décider ce qui est privé et ce qui est public, et ce qui devrait être démoli ou non ; des jardins sont appropriés, des commerces reviennent. Une spatialité nouvelle renaît du tracé viaire, différente de l'ancienne, avec un bâti s'étageant en plans successifs au lieu de s'aligner sur une seule ligne.

**P. G. :** Dans Paris, le système viaire est maintenant en place du point de vue de ses tracés. Il est probable qu'on n'ouvrira presque plus de voies nouvelles. Mais l'espace public, en tous cas la rue, est en crise, en situation d'engorgement. Pour le soigner, on le spécifie, on le sépare, on le cantonne – voies cyclistes, bandes handicapés, stationnement, etc.

Au même moment, la ville s'interroge sur ses arrières – ce livre en témoigne – et les souhaiterait calmes, réunis, en tous cas pacifiques. Comme si la « ville résidentielle » allait sauver la ville. On peut y voir la fin du politique, on peut y voir aussi une chance pour la ville qui pourrait peut-être s'y réinventer.

Par ses arrières ? L'existence même, à Paris plus qu'ailleurs, de cet incroyable entrelacs du bâti, les porosités, les recoins, ces lieux d'un savoir de la ruse généralisée et de la culture de la négociation sont-ils une chance pour recomposer et continuer cette ville sur la ville ou un danger de régression, un repli vers une ville « village » ?

### Résider

**Ch. de P. :** On doit espérer que la ville ne sera jamais jugée finie. Car, si elle contient le temps, si nous y transformons sans cesse le passé et le rendons actuel, contemporain, nous devons imaginer que nos descendants pourront le faire. Cette transformation créative ne doit pas être frileuse. Mais disons que le grand enjeu de la modification urbaine pour le siècle prochain, ce sont d'abord les grands territoires sans espaces publics, sans devant et sans derrière, que l'on nomme périphérie et où loge plus de la moitié des populations d'Europe.

**P. G. :** Massena, un îlot ouvert. Des architectures diverses cohabiteront dans ces lieux. Les principes d'assemblage des volumes, la composition, en fait, peuvent-ils permettre d'accepter, tout de suite ou plus tard, par substitution, un immeuble « laid ». L'îlot ouvert peut-il mieux ou moins bien l'accepter que la ville mitoyenne ?

### L'immeuble laid

**Ch. de P. :** C'est la question. Pas plus qu'ailleurs, en principe, le laid, le médiocre n'auront par miracle, de la grâce.

Peut-on rêver un « vernaculaire moderne », une architecture moyenne, honnête, qui, à l'échelle du quartier, verrait se succéder et se répondre des bâtiments sans qualités majeures, honnêtes, contrastant ou conjuguant leurs matériaux. Peut-on imaginer quelque chose qui remplace ce que l'on pourrait appeler la rhétorique classique de la façade (la rhétorique étant l'art des variations qui permettent de rendre expressif un modèle codé). Est-il possible ou utopique qu'une qualité d'ensemble vienne déjà du dispositif rythmique, des pleins et des vides et des matières, au lieu de jouer les variations et les différences au sein de façades issues du même code, mettre en jeu les différences entre des volumes, entre des matières, indépendantes ? Et peut-on imaginer que le jeu des différences entre bâtiments soit exalté tout en laissant l'alignement assembler le tout ? Et que le laid soit pris dans le rythme ? Il faut rêver ce paysage-là, pour l'aider à apparaître. Le laid ne sera peut-être pas où l'on croit aujourd'hui.

**P. G. :** En ces temps de digicodes généralisés, sera-t-il possible de parcourir les intérieurs d'îlots ? (ce qui signifierait qu'on y trouve de l'espace public et donc division de l'îlot). Y aura-t-il une place pour le temps perdu ?

### Flâner

**Ch. de P. :** C'est un rêve. Mais ce n'est pas évident ; comme partout la voirie publique de Paris veut des espaces simples et nets.

**P. G. :** *Libération*, en janvier 1996, rendant compte des projets sur Massena et plus généralement sur l'îlot ouvert, illustrait son article d'une cour habitée de la « Nouvelle Athènes » dans le 9e arrondissement. Les historiens voient dans ce quartier le résultat d'une procédure de lotissement et d'une somme d'énergies individuelles assemblées autour d'un consensus éminemment romantique. Massena se fait dans des conditions bien différentes. Est-ce à dire qu'il y aurait une indépendance des formes ? Ou des formes sans mémoire ?

L'image parue dans le journal *Libération*, en janvier 1996. Quartier de la Nouvelle-Athènes, rue Saint-Lazare, Paris 9e.

### Sources

**Ch. de P. :** L'illustration de *Libération* est une image de la rédaction que je n'aurais pas utilisée. Mais si les énergies individuelles se mobilisent à Massena, c'est d'abord sur la valeur économique. Ensuite, on peut souhaiter à un quartier aujourd'hui la pluralité qui fait la ville.

Massena a juste la taille pour être un petit quartier.

Ceci dit cette image de la Nouvelle Athènes est belle, comme une utopie de cité réalisée. Si l'université de Paris VII vient à Massena, ce qui est prévu, si un Quartier Latin vient se mêler aux logements, avec un peu de bureaux, si c'est un peu dense avec tout de même des jardins, des cafés et des librairies, etc.

**P. G. :** La distance (c'est-à-dire le vide mesuré) peut-elle s'utiliser, s'apprécier, dans les mêmes termes en matière de largeur de rue, par exemple, et d'intérieur d'îlot ? Y aurait-il une distance privée et une distance publique ?

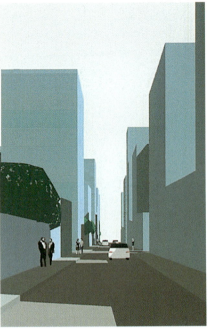

Simulations, entre rue et cours dans l'îlot Masséna, Paris 13e.
Infographie : atelier de Portzamparc.

### Distance

**Ch. de P.** : Cette année nous avons travaillé sur la largeur des rues. Les rues de 10 mètres que je projetais n'étaient pas compatibles avec les exigences de la voirie qui voulait 12 mètres. En travaillant avec l'APUR, nous sommes parvenus à un compromis. Nous avons analysé beaucoup de rues. Il y a un saut entre les rues de 10 mètres et celles de 12 mètres ; ce n'est plus le même espace, entre le début et la fin du XIXe siècle. Aujourd'hui, les voies sont plutôt de 25 mètres.

Mais ce que nous faisons à Massena, ce sont des rues étroites, et ce sont des rues ouvertes. Les intérieurs d'îlots aussi sont ouverts. La distance, la largeur doit alors être vue au pluriel et en trois dimensions.

**P. G.** : Jacques Lacan, partant de la sculpture, en arrive à définir l'architecture comme une « présentification de la douleur »[3] faisant du baroque l'exception paradoxale articulée sur le principe de plaisir :

3. Jacques Lacan, *Le Séminaire, livre VII. L'Éthique de la psychanalyse*, Éditions du Seuil, 1986.

« Ceci est de l'ordre d'une exploration physiologique moderne, qui ne nous permet pas encore de pleinement l'articuler, aussi me contenterai-je de suggérer que nous devrions peut-être concevoir la douleur comme un champ qui, dans l'ordre de l'existence, s'ouvre précisément à la limite où il n'y a pas possibilité pour l'être de se mouvoir. Quelque chose ne nous est-il pas ouvert dans je ne sais quelle aperception des poètes, avec le mythe de Daphné se changeant en arbre sous la pression d'une douleur à laquelle elle ne peut échapper ? N'est-il pas vrai que l'être vivant qui n'a pas la possibilité de se mouvoir, nous suggère jusque dans sa forme la présence de ce que l'on pourrait appeler la douleur pétrifiée ? N'y a-t-il pas dans ce que nous faisons nous-mêmes du règne de la pierre, pour autant que nous ne la laissons plus rouler, que nous la dressons, que nous en faisons quelque chose d'arrêté, n'y a-t-il pas dans l'architecture elle-même comme la présentification de la douleur ? Ce qui irait dans ce sens, c'est ce qui s'est passé au temps du baroque sous l'influence d'un moment de l'histoire où nous allons nous retrouver tout à l'heure.

« Quelque chose a été tenté alors pour faire de l'architecture elle-même je ne sais quel effort vers le plaisir, pour lui donner je ne sais quelle libération, qui la fait en effet flamber dans ce qui nous apparaît comme un paradoxe dans l'histoire de la bâtisse et du bâtiment. Et cet effort vers le plaisir, quelles formes nous donne-t-il ? sinon des formes que nous appelons, dans notre langage ici métaphorique, et qui va loin comme tel, torturées.

« Vous me pardonnerez cette excursion, puisqu'elle n'est pas sans lancer à l'avance une pointe vers ce que nous nous trouverons amenés à reprendre tout à l'heure à propos de l'époque de l'homme du plaisir, le XVIIIe siècle, et le style très spécial qu'il a introduit dans l'investigation de l'érotisme. »

Selon toi, peut-on parler d'un retour du principe de plaisir dans tes propositions pour Massena où je vois, pour ce qui me concerne, une dimension baroque ? Si oui peut-on en conclure que la ville hors les rues aurait intérêt à parier sur la valeur de ses plis, l'intelligence de ses fuites, en un mot repartir de ses vides ?

### Principes

**Ch. de P. :** Goethe écrit à Schiller[4] que l'architecture doit dire l'autorité. Que c'est sérieux, que c'est l'ordre. Le décorateur de théâtre, lui, peut nous charmer, nous faire rêver, ajoute-t-il, mais surtout pas l'architecte...

« L'architecture, c'est la chiourme » disait Georges Bataille plus récemment, « le principe d'autorité ». Jacques Lacan l'avait entendu et lu. On a le sentiment qu'en la matière c'est seulement au XXe siècle qu'une grande part de la production architecturale a réalisé pleinement ce programme « chiourme ». Et l'ordre, l'autorité représentée n'a pas été politique sauf sous les totalitarismes, mais économique. La tyrannie techno-économique règne.

Comme nous sommes arrivés loin dans la tendance, tout porte à croire qu'elle s'inverse ou en tous cas qu'une fraction marginale du bâti boxe cette notion. Mais avant de dire les mots, faisons déjà avec plaisir les projets. Voyons si ça marche.

**P. G. :** À partir du moment où tout est œuvre (Bercy, Asnières, Massena, Tolbiac), quelle part réserver au caché, au dissimulé, à l'à-peu-près. En un mot, dans la ville pensée jusque dans ses intérieurs y a-t-il une place pour l'érotisme, n'est-elle pas, à strictement parler, pornographique ?

### Caché

**Ch. de P. :** Justement, dans les plis du bâti qui ne sont pas en façade sur la rue, rien ne devrait être interdit. Ce n'est plus à moi de penser. Je dis seulement que ce ne sera pas tout entier caché. Liberté d'usage. Quant au style, il suppose les talents. Quand on aligne avec simplicité des logements sociaux et des bureaux aujourd'hui, on trouve les mêmes inexorables hauteurs d'étages, les mêmes incontournables rectangles partout ; on a le choix entre des lignes plus horizontales ici, plus verticales là... C'est notre temps. Je n'y échappe pas. Vouloir tordre les choses à tout prix sera forcé, artificiel, non-fonctionnel, etc.

Mais les efforts qui vont vers des nouveaux matériaux envisagés comme les nouveaux thèmes « décoratifs », le végétal, les filtres et, aussi, les variations volumétriques, voire formelles, qui sortent du parallélépipède parfois, tout cela peut être utile. Et pour un quartier, cela devrait ouvrir une réflexion de groupe, entre les architectes.

Les oppositions de matériaux, d'un bâtiment à l'autre, la diversification, les contrastes, sont à encourager ici, et plus loin, au contraire, l'unité de ton.

La sensualité, l'érotique, c'est là qu'elle pourrait être, et dans ces nouvelles cours pas fermées, leurs couleurs et leurs échappées. ●

*Christian de Portzamparc, architecte, vit et travaille à Paris.*

[4]. Goethe-Schiller, *Correspondance 1794-1805*, Paris, Gallimard, 1994.

« La Galerie du Palais-Royal », par Boilly. Musée Carnavalet.

« Un ailleurs si proche... »
Les Galeries du Palais-Royal, Paris 1er.

# La tentation du Palais-Royal

**Pierre Gangnet**

Pourquoi conclure avec ce titre ? Pourquoi faire monter, en ligne cette cour unique en son genre, cet idéal réalisé, cette utopie praticable ? Pourquoi convoquer à la fin de cet ouvrage la plus belle dame de la cour ?

Disons-le, au moment où les cours se cherchent un présent, doutent de leur avenir, où l'espace public est en crise, à la poursuite de solutions aux problèmes de chacun et de tous, ce lieu est une provocation.

Jamais à Paris une cour ne s'est construite dans une telle dépense, une telle perte de rentabilité, une pure célébration du plaisir d'être en ville. Être en ville et hors la ville en même temps, car c'est ça le Palais-Royal, un ailleurs si proche, un au-delà dilaté, serti dans les plis du construit, vérifiant par avance, dans ce qui n'est pas le moindre des paradoxes, l'aphorisme le plus célèbre du mouvement moderne : l'extérieur est un intérieur.

### Imaginer

La photo de Georges Fessy n'est pas juste une image, elle propose une situation idéale, une image juste où la cour est suggérée comme un reflet atténué de la ville, un double apaisé de la rue présente ici dans ce qui en fait l'emblème, le café parisien. Cette image m'enchante, m'en chante, il faudrait dire, car elle oppose visiblement mais si légèrement deux rumeurs, deux intensités qui font de Paris, à cet endroit, comme une démonstration de la vertu du franchissement, du plaisir de l'écart, du bonheur de la rencontre et de la conversation, cette sorte de complainte urbaine que André Breton chercha toute sa vie et qu'il pensa trouver dans les passages Colbert et Choiseul si proches.

### Inscrire

Le plus fort de l'histoire, et cela est une d'en être arrivé là, car il n'y eu pas moins de sept projets et remaniements au fil du temps, c'est « l'alentour » : rues de Montpensier, de Beaujolais et de Valois, fraction de la rue de Richelieu avec le déhanchement du Théâtre-Français, autant de cernes qui détachent, dans un ultime écho amorti des grands vides intérieurs, le Palais-Royal de toute contiguïté bâtie et en font la plus parfaite, de ce qu'on appellera plus tard, des « pièces urbaines ». Ici le vide comprime le vide théâtralement et inscrit, et

« Le pont Notre-Dame, enrichi de nouveaux ornements, réduit en perspective. »

instruit, ces rues dans la ville comme des douves, des coulisses verticalisées précédant le triomphe de l'enclos civil aux horizontales affirmées.

### Instituer

Que la préservation de l'écart, d'un vide, soit au cœur de la fonction institutionnelle et donc de la ville, puisse découler de la nature même de la représentation du pouvoir, c'est quelque chose d'inhabituel maintenant où nous tendons à penser l'univers urbain subjectivement et socialement en termes de plein et de duel[1]. Pourtant, si nous persistons à vouloir comprendre le statut du vide dans la représentation du pouvoir jusqu'à tenter de percer le mystère du sujet, vous et moi, habitant l'institution des formes, c'est à dire le mystère du sujet institué, il faut réapprendre à voir ce que les sociétés classiques (les sociétés d'avant le *plein* industrialiste) savaient et faisaient savoir au sujet quant à ce *vide*. Elles le savaient, non pas sur le mode d'un savoir mais sur le mode théâtral d'une mise en scène du vide lui-même, en tant que tel, en utilisant les ressources, par exemple, de l'architecture sacrée. Ainsi l'esplanade fermée de la

1. Ces lignes font appel au livre de J. Legendre, *Dieu au miroir*, Éditions Fayard, Paris, 1994.

Plan du Palais-Royal, 1829, par Hibon.

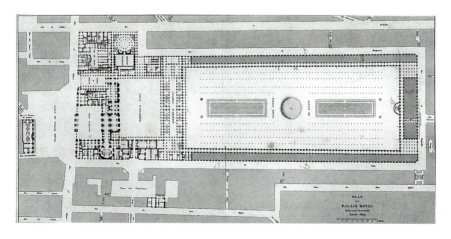

Paris, côté cours

grande mosquée de Kairouan, ainsi le cloître du Mont-Saint-Michel, représentation métaphorique de l'enclos muet s'ouvrant vers le ciel infini pour célébrer la fonction du vide : instituer un lieu de parole. Le Palais-Royal, triomphe posthume, dans sa version quasi définitive de 1829, du siècle des Lumières se fonda lui, comme avant mais sous d'autres formes dans la courtille du Temple, sur une parole laïque et libre[2].

### Percer

Cela devait agacer Eugène Hénard, par ailleurs réformateur inspiré de la rue parisienne au travers de son manifeste pour le boulevard à redans, qui proposa[3] un plan original, le percement d'une voie majeure est / ouest au travers les jardins et donc les immeubles du Palais-Royal, ne voyant pas de gêne à casser cette chambre urbaine et à en faire une simple place traversée. Le projet n'eut pas de suites, quelque chose résista.

### Réformer

Plus tard les réformateurs de l'entre-deux-guerres butèrent sur l'obstacle, comment faire sans, comment faire mieux ? Mieux que la cour ouverte théorisée par les Hygiénistes de 1903 qui, pressentant la nuit des tranchées qui allait suivre, avaient mis au point ce modèle fructueux, ils repensèrent au grand jardin refermé sur lui-même ; la scène paysagère inscrite durablement dans les murs allait trouver son temps. Le lotissement fermé à « alvéoles », comme autant de Palais-Royal, dont Le Corbusier voulait pour la « ville de trois

2. Tradition de l'entretien déjà pointée par Philippe Gresset dans son article sur le Palais-Royal, dans : *Les traversées de Paris*, Éditions du Moniteur, 1989. Citant D. Diderot dans *Le Neveu de Rameau* : « qu'il fasse beau, qu'il fasse froid, c'est mon habitude d'aller vers les cinq heures du soir me promener au Palais-Royal ». Écrit vers 1760.

3. Eugène Hénard, *Études sur les Transformations de Paris*, 1903. Déjà cité dans cet ouvrage.

La maison de Radio-France, 116 avenue du Président-Kennedy, Paris 16e. Henry Bernard, architecte ; 1962.

millions d'habitants » au début des années vingt, n'eut pas de suite et surtout dans l'esprit du Maître qui le balaiera quelques années plus tard dans son projet pour « La Villa Radieuse », preuve s'il en est que l'esprit peut triompher de la matière, fût-elle alors vide. Il faudra attendre la reconstruction des années soixante sur l'îlot Bièvre, notamment, pour retrouver cette figure solaire, la grâce en moins, mais la volonté et la mesure étaient là.

### Arriver

Ricardo Bofill ; l'homme arrive au début des années soixante-dix dans un Paris désœuvré d'architecture et par un coup de tonnerre, dont on ne retiendra sur le moment que la face langagière, colonnes doriques – enfin presque – et béton préfabriqué version chic. Il pose à nouveau dans son projet des Halles, dont les fondations sont maintenant enfouies sous de délicates corolles, la question éminemment provocatrice du statut du vide, du vide statué comme de la pièce urbaine. La référence au Paris de l'Ancien Régime est claire, le Palais-Royal est appelé à témoigner. L'époque qui lui avait passé commande en eut le vertige et, pressentant la crise du pétrole, préféra emboiser les lieux associant paradoxalement de ce fait les deux composants du Palais-Royal, le commerce et les jardins. Le projet n'était pas parfait, le sauvetage fut acrobatique, mais la consultation des Halles qui suivit relança durablement le désir d'architecture et l'idée que le vide pouvait être une matière urbaine.

### Référencer

Plus tard, et avant au Haut-du-Lièvre à Nancy, le Palais-Royal servit d'unité de longueur comparative. En quelque sorte une dimension ou une cubature acceptable que Dominique Perrault, dans un dessin célèbre pour la Grande Bibliothèque, utilisa pour donner la mesure de la cour basse.

L'histoire s'arrête là, pour l'instant, mais dans cette ville qui change, parce qu'elle n'est pas finie, il n'est pas dit que la tentation ne resurgisse pas, à la Porte d'Asnières ou ailleurs.

Le Palais-Royal restera unique dans sa solitude référentielle réveillée une fois l'an par la Fête de la Musique qui vient rappeler, ce jour-là, que le mot cour vient du picard *Corti* qui désignait « la cour de ferme où les petites gens venaient s'amuser les jours de fêtes carillonnées ». •

De haut en bas et de gauche à droite :
Vue aérienne du Palais-Royal, Paris 1er.
Cour du 102 rue Oberkampf, Paris 11e.
Ensemble de logements, Place de Catalogne, Paris 14e.
Ricardo Bofill, architecte ; SAGI, maître d'ouvrage ; 1985.
La Mosquée, Paris 5e.
Heubes, Fournez et Mantout, architectes ; 1926.

## Index des architectes et paysagistes

ABRAHAM, Pol : p. 148
AILLAUD, Émile : pp. 172, 173, 174
ALBERT, Édouard : pp. 30, 33, 41
ANDO, Tadao : p. 36
ANGER, Roger : pp. 39, 40
ARCHITECTURE STUDIO : p. 139
AUBERT, Daniel : pp. 130, 135
AUZELLE, Robert : p. 150
BAILLY, Léon : p. 150
BALLU, Théodore : pp. 138, 140
BARDE, Charles : pp. 109, 141, 148
BARTO, Clotilde : p. 67
BAUDOT de, Anatole : p. 21
BELGRAND, Eugène : p. 123, 125
BELMONT, Joseph : pp. 39, 40
BENAMO, Georgia : pp. 149, 176
BENOIT, Michel : p. 145
BERNARD, Henry : p. 219
BIFFI, Massimo : p. 115
BOFILL, Ricardo : p. 220, 221
BOILEAU, Pierre : p. 32, 53
BONNIER, Louis : pp. 20, 108, 141
BOREl, Frédéric : pp. 22, 23, 38, 111, 149, 195
BOTREL : p. 162
BOURDEAU, Michel : p. 111
BOUWENS VAN DER BOIJEN, WILLIAMS : p. 116
BRELET, Adrien : p. 30
BRESLER, Henri : pp. 108, 141, 155, 169
BRISEUX, Charles-Étienne : p. 134
BUFFI, Jean-Pierre : p. 150
BUNSCHAFT, Gordon : p. 40
CANDILIS Georges : pp. 171, 172, 173
CANTIN, Agnès : p. 110
CARLO de, Gian-Carlo : p. 171
CARPMAN : p. 175
CASTEX, Jean : pp. 149, 170
CÉRIA, François : p. 193
CETBA : p. 40
CHAIX, Philippe : p. 185
CHARLET, Gérard : p. 67
CHARREAU, Pierre : p. 106
CHÂTELET, Anne-Marie : pp. 81, 108
COHEN, Jean-Louis : p. 143
CONCKO, Tania : p. 135
CONSTANTIN : p. 137
COULON, Jacques : p. 193
COUPEL, Alain : p. 193

CRUCY, Mathurin : p. 137
DAGUILLON, F. : p. 135
DALNOKY, Christine : p. 203
DALY, César : pp. 98, 102
DARVILLÉ, Will : pp. 105, 109, 143
DAUMART, Adeline : p. 126
DELORME, Jean-Claude : p. 150
DEPAULE, Charles : p. 170
DESVIGNE, Michel : pp. 22, 203
DIENER & DIENER : pp. 38, 112, 176, 177
DIET, Stanislas : pp. 139, 140
DUHAYON, L. : p. 83
DUMONT, Marie-Jeanne : pp. 21, 170
DURAND, J.N.L. : pp. 138, 140
DUSAPIN, Fabrice : pp. 38, 89, 142, 149
ELEB, Monique : p. 109
EPSTEIN, Pierre : p. 117
EUGÈNE, R. : p. 135
EVANS, Robin : p. 41
FAURE-DUJARRIC : p. 148
FEINE, Alfred et Louis. : pp. 105, 107
FISZER, Stanislas : p. 172
FONTAINE, Pierre : p. 135
FORTÉ, Jacques : p. 110
FORTIER, Bruno : p. 155
FOURNEZ : p. 221
GANGNET, Pierre : p. 187
GARCIAS, Jean-Claude : p. 148
GARGIANI, Roberto : p. 169
GARNIER, Tony : pp. 21, 143, 145
GAUDIN, Henri : pp. 22, 176, 177
GAZEAU, Philippe : pp. 38, 110, 111
GERBER, Caroline : p. 150
GILBERT, Jacques : p. 139, 140
GINSBERG, Jean : pp. 40, 41, 203
GIRARD, Édith : pp. 41, 113
GIRARD, Olivier : p. 84
GLAIMAN, Sylvain : p. 117
GOLDBERG : p. 41
GOLDSMITH, Myron : p. 40
GOMIS, Paul : p. 91
GRESSET, Philippe : pp. 67, 159
GUERRAND, Roger-Henri : pp. 120, 126
GUIMARD, Hector : p. 99
GUYON, Geoges : p. 105
HAMAYON : p. 39
HAUSSMANN : pp. 29, 54, 81, 131, 138, 140, 169

HÉNARD, Eugène : pp. 131, 142, 143, 148, 192, 219
HENRY, Bernard : p. 219
HERZOG, Jacques : p. 114
HEUBES : p. 221
HEYMANN, Mario : p. 39
HIBON : p. 218
HOSHUAU : p. 175
HOWARD, John Galen : p. 162
ISRAËL, Laurent : p. 84
IZENOUR, Steven : p. 174
JOSIC, Alexis : pp. 171, 172, 173
JULIEN, M. : p. 83
KAGAN, Michel W. : p. 183
KAHANE, Daniel : p. 193
KAHN, Gustave : p. 108
KOHLER, Florence : p. 134
KOLLHOFF, Hans : p. 175
KOOLHAAS, Rem : p. 175
KUBACHER, Sabine : p. 135
L'HENAFF, François : p. 67
LABOURDETTE : p. 32
LABUSSIÈRE, Auguste : pp. 143, 145, 146
LA QUÉRIÈRE de, E. : p. 98
LE CŒUR, François : p. 147
LE CORBUSIER : pp. 85, 95, 108, 147, 148, 165, 169, 190, 220
LE HARPEUR : p. 40
LE MUET, Pierre : p. 134
LECLERCQ, François : pp. 38, 89, 142, 149
LEDOUX, Claude Nicolas : p. 156
LEMÉNIL, Émile : p. 100
LÉONARD, Jean : p. 133
LION, Yves : pp. 142, 193
LONGEREY, C. : pp. 143, 145
LUCAN, Jacques : pp. 97, 109, 112, 155, 170, 172, 173, 175
LUCAS, Charles. : pp. 105, 109, 143
MACARY, Marcel : p. 148
MADEC, Philippe : p. 177
MADELINE, L.J. : p. 148
MAILLARD : p. 148
MANTOUT : p. 221
MARDAGA, Pierre : pp. 170, 175
MAZZONI, Cristiana : pp. 81, 82, 147
MELLETT, Patrick : p. 117
MENARD : p. 39
MEURON de, Pierre : p. 114
MICHAU, G. : p. 147
MIES VAN DER ROHE, Ludwig : pp. 40, 106

MIMRAM, Marc : p. 191
MIRABAUD : p. 41
MONTES, Fernando : p. 149
MOREL, Jean-Paul : p. 185
MOREUX, Jean-Charles :
    pp. 30, 150
PANERAI, Philippe : pp. 149, 170
PAYEUR : p. 149
PERCIER, Charles : p. 135
PEREIRE (les frères) : p. 160
PERRAULT, Dominique :
    pp. 165, 220
PERRET, Auguste : pp. 30, 108, 127, 141, 148, 169, 171, 180, 192
PIANO, Renzo : pp. 22, 176, 190, 203
PIDOUX, Justin : pp. 109, 141, 148
PINON, Pierre : pp. 67, 101
PISTRE, Jean : p. 190
PLATTNER, Bernard : pp. 176, 203
PORTZAMPARC de, Christian :
    pp. 21, 37, 149, 176, 186, 205 à 214
POUILLON, Fernand : p. 172, 173
POYET, Bernard : p. 140
PSCHEPIURCA : p. 175
PUCCINELLI, Pierre : pp. 39, 40
QUATREMÈRE DE QUINCY : p. 137
RAGUENET, A. : p. 148
RENAUD : p. 137
REY, Augustin : pp. 21, 22, 108, 141, 148
RIPAULT, Jacques : p. 89
ROHAULT DE FLEURY, Charles : p. 139
ROSSI, Aldo : pp. 174, 175
ROUX-SPITZ, Michel : p. 40
SARAZIN, Charles : p. 109
SAUVAGE, Henri : pp. 99, 109
SCHEIN, Ionel : p. 95
SCHWEITZER, Marie : pp. 193
SCHWEITZER, Roland : pp. 193
SCOTT BROWN, Denise : p. 174
SEHEULT, F.L. : p. 137
SERLIO : p. 38
SIMON, Jacques : p. 152
SIMOUNET, Roland : pp. 84, 87
SMITHSON, Alison : pp. 171, 172, 173
SMITHSON, Peter : pp. 171, 172, 173
SÜE, Louis : p. 13
TEAM X : pp. 171, 173
TREUTEL, Jean-Jacques : p. 148
TREUTEL, Jérôme. : p. 148
UNGERS, Oswald Mathias : p. 175
UNWIN, Raimond : p. 162
VACCHINI, Livio : pp. 112, 115
VAGO, Pierre : p. 108
VALODE, Denis : p. 190
VAN EYCK, Aldo : p. 171
VAN TREECK, Martin : p. 40
VANDENHOVE, Charles :
    pp. 70, 80
VANETTI, Mauro : p. 115
VAUDOYER, Georges : p. 83
VAUDREMER, Joseph-Auguste-Émile : p. 17
VENTRE, David : p. 89
VENTURI, Robert : pp. 174, 175
VERBIEST, Thierry. : p. 145
VIDAL, Olivier : p. 117
VIOLLET-LE-DUC, Eugène :
    pp. 104, 119
WAILLY de, Charles : p. 135
WEISSMANN, Martine : p. 133
WOODS, Shadrach : pp. 171, 172, 173

## Crédits photographiques

Agence Christian de Portzamparc : pp. 207b, 208. / Archipress : p. 177b. / Atget, Archives photographiques de Paris, CNMHS : p. 79bd. / Bibliothèque Forney : p. 180. / Luc Boegly-Archipress : pp. 104g, 117b, 172m, 184, 190hg. / Nicolas Borel : pp. 17, 18, 23, 89bd, 130, 153h, 176hg, 183b, 193h, 193m, 196, 204, 207h, 209, 210, 221m. / F.-X. Bouchart-Archipress : p. 172h. / Bulloz : pp. 72, 75hg, 75hd, 79bg. / Robert Cesar-Archipress : p. 107h. / Alexandre Chemetoff : pp. 24, 28, 33. / Stéphane Couturier-Archipress : pp. 36, 99bg, 99bd, 103h, 127, 132b, 142b, 154, 165h, 188, 211. / DAUC : pp. 179h, 203h ; Guy Picard pp. 142m, 171. /Michel Denancé-Archipress : pp. 113b, 117h, 145b, 151h, 165b, 221hd. / La Documentation Française-Interphotothèque : Brigaud p. 158; Guyomard p. 221hg ; Hamelle p. 179b ; J.P. Verney p. 17. / DPEVP : p. 124b. / Arnaud Duboy-Fresney : p. 27bd. / Gérard Dufresne : p. 187. / Arnaud Dupuis : pp. 35h, 39m, 39b, 40, 54, 55h, 55bd, 139b, 149, 166, 190d, 203m. / Franck Eustache-Archipress : pp. 12, 21, 79hg, 160, 161. / Georges Fessy : pp. 14, 35b, 99h, 216. / Fondation Le Corbusier : p. 148. / Pierre Gangnet : pp. 48h, 104d, 152, 153g, 153b, 198b. / Alain Goustard-Archipress : pp. 85b, 219. / Michel W. Kagan : pp. 42, 44, 45, 46, 47. / Yves Lion : pp. 48, 50, 51, 52, 53. / Stéphan Lucas : p. 89mg. / J.-C. Martel-Archipress : p. 116. / Olivier Martin Gambier-Archipress : p. 221b. / Heidi Meister : pp. 60, 65, 83h, 96, 107bd, 133h, 133m, 136, 139mg, 139md, 145hg, 145md, 146h, 146bd. / Pierre Micheloni : p. 56. / Jean-Marie Monthiers : pp. 34, 39h, 41, 55bg, 68, 70, 79hd, 80, 83b, 84h, 89h, 110, 113h, 114, 135, 146b, 151b, 157h, 177hd, 183h, 185, 191, 193b, 199h, 203b. / Coll. Pavillon de l'Arsenal : pp. 27h, 27bg, 75bg, 107bg, 118, 139h, 170d ; A. Cayeux p. 100 ; Nobecourt pp. 103b, 121, 170g. / Photothèque des Musée de la Ville de Paris : pp. 75bd, 156 ; cliché Berthier p. 157b ; cliché Giet p. 218h ; cliché Joffre pp. 178, 179h, 218b ; cliché P. Pierrain p. 215. / RMN : p. 168. / Roger-Viollet : p. 172b.

**Photogravure**
Colourscan / Edilog, Paris

Achevé d'imprimer
en janvier 1998
par l'imprimerie Pollina
à Luçon.

N° d'impression : 73748
Dépôt légal : décembre 1997.